墨香会计学术文库

企业投资风险与管理者非理性特征

Business Investment Risk and Manager's Irrational Features

● 庄平 著 ●

东北财经大学出版社
Dongbei University of Finance & Economics Press
大连

图书在版编目(CIP)数据

企业投资风险与管理者非理性特征 / 庄平著. —大连：
东北财经大学出版社，2015.11
(墨香会计学术文库)
ISBN 978 - 7 - 5654 - 2129 - 7

Ⅰ.企… Ⅱ.庄… Ⅲ.企业-投资风险-风险管理 Ⅳ.
F275.1

中国版本图书馆CIP数据核字(2015)第246706号

东北财经大学出版社出版
(大连市黑石礁尖山街217号 邮政编码 116025)
教学支持：(0411) 84710309
营 销 部：(0411) 84710711
总 编 室：(0411) 84710523
网 址：http://www.dufep.cn
读者信箱：dufep@dufe.edu.cn
大连住友彩色印刷有限公司印刷 东北财经大学出版社发行
幅面尺寸：148mm×210mm 字数：128千字 印张：4 5/8 插页：1
2015年11月第1版 2015年11月第1次印刷

责任编辑：王 莹 魏 巍 责任校对：那 欣
封面设计：张智波 版式设计：钟福建

定价：26.00元

前　言

　　本书的选题和研究基础是导师李延喜教授主持的国家自然科学基金项目——基于管理者行为特征的盈余管理约束模型研究（70772087），以及大连海洋大学博士启动项目——管理者非理性行为与企业投资风险关系研究。

　　中国改革开放 30 多年来取得了举世瞩目的成就，在经济高速发展的同时，也极大地推动了中国的市场化进程，使我们初步建立了相对完善的现代化经济体制，从而为经济的进一步发展奠定了坚实的基础。中国已是当今全球公认的"制造业大国"，外汇储备更是高居世界第一位，面对当前全球经济一体化的发展趋势，"引进"、"消化"之后再"走出去"是必然的选择，因此跨国大规模投资势在必行。

　　投资是现代社会最基本的经济活动之一，任何时候都面临失败的风险，成功的投资是为投资人、社会创造财富，而失败的投资则是对社会资源的巨大浪费。因此，如何在实现资产增值投资目标的同时，有效控制和降低企业投资风险，避免不必要的投资损失，是我们面临的非常紧迫的现实问题，对我国"走出去"的国家战略意义重大。但是目前中国经济领域内普遍缺乏对投资风险清醒、客观的认识，企业和企业家大多诞生或成长于 20 世纪 80 年代，只是旁观或听闻了墨西哥金融危机、东南亚金融危机等区域性经济事件，从未亲身经历世界性经济危机的残酷洗礼，缺乏对投资风险刻骨铭心的危机意识。本书从管理者非完全理性的角度出发，综合考虑理性和非理性两种因素对企业投资风险的影响，重点关注过度自信、风险偏好等管理者非理性因素与投资风险的相互关系和影响程度，通过理论分析与实证研究，从约束管理者非理性程度的角度为企业控制和降低投资风险提出针对性建议。

　　本书主要包括四个方面的内容。第一部分是企业投资风险的研究基础，回顾了前人的有关研究成果，梳理了当前企业风险研究的主要领域、人物、方法等现状，分析归纳了它们的特点，并在此基础上给出了本书的研究背景、意义以及研究思路、框架和方法。第二部分立足于传统的"理性经济人"假设理论，实证研究了理性假设前提下企业投资风险的各种影响因素及其影响关系，为后续的非理性因素研究奠定了基础。第三部分则立足于企业投资风险的非理性影响因素，重点分析、研究了企业高层管理者两个典型个体特征——过度自信和风险偏好对企业投资风险的影响，并实证研究了管理者过度自信和风险偏好与投资风险的因果关系。第四部分将第二部分与第三部分的研究成果结合在一起，构建了综合考虑理性和非理性影响因素的企业投资风险约束模型，实证研究了各个因素对企业投资风险的正向或反向影响，以及影响的大小，并把研究结论和我国企业的风险控制状况相结合，进行了比较详细的分析和展望。

实践中影响企业投资风险的因素很多，但是由于人们认识活动的局限和对认识计量的困难，绝大多数研究以"理性经济人"假设为前提，选择不考虑人的个性特征对企业投资风险的影响。这种简化虽然方便研究展开，但无疑大大降低了企业投资风险评价的准确性。本书立足于全面风险管理，在考虑理性因素的基础上，重点关注非理性因素——管理者过度自信与管理者风险偏好的影响和作用，这也是本书最大的特点，并借此取得了两项主要成果：

（1）建立了考虑管理者非理性特征的企业投资风险约束模型，为企业控制和降低风险探索新的方法。传统企业的投资风险研究受限于理性假设，通常只能采取调整或限制理性因素的方式，实际上是受主客观条件所限，放弃了非理性因素的影响和作用，难以避免其局限性和片面性。本书重点考察管理者过度自信和风险偏好对企业投资风险的影响，增加管理者非理性特征对企业投资风险影响的因素，提高企业投资风险的评价质量，并建立综合考虑理性因素和管理者非理性特征的企业投资风险约束模型，从管理者非理性特征的视角讨论降低和控制企业投资风险的方法，丰富了风险管理的研究内容。

（2）定量验证了管理者过度自信、风险偏好与企业投资风险的因果关系，拓展了企业风险的研究领域。20世纪50年代西蒙提出有限理性假设理论，质疑传统经济学的"理性经济人"假设理论，行为科学研究逐渐引起人们的关注，而关于管理者非理性特征的行为研究目前则处于初级探索阶段。管理者非理性特征研究由于面临问世时间短、难以量化等实际困难，相关文献大多集中于概念性质的定性研究，因此定量研究不仅文献较少，而且比较零散。本书的重点内容之一是定量研究了过度自信与风险偏好两种典型的管理者非理性特征，并实证研究了它们各自与企业投资风险的因果关系，丰富了企业风险因素研究的内容，完善了企业投资风险评价体系。

作　者
2015 年 9 月

目 录

1 绪 论

1.1 研究背景及意义

1.1.1 研究背景

在人类历史的发展中，风险可以说无处不在、无时不在。在可预期的将来，它既可能带来收益，又可能带来损失，这也正是风险自身的魅力所在，其本质是不确定性。但是受各种客观、主观条件的限制，早期人们对风险的存在认识模糊不清，更谈不上定义风险了。直到 1901年，美国学者 Willet 在进行保险研究时最早提出了"风险"的概念，人们才开始对风险予以关注和研究。

投资是现代社会基本的经济活动，投资的目的是未来收益，而未来具有不确定性，因此投资具有天生的双重性——机会与风险并存，且风险伴随着投资活动的整个过程，自从有了投资活动，人们就一直面临风险带来的危害。首当其冲的是全球性经济危机，如 1929 年美国股市大崩盘引发的人类有史以来最大的经济危机、1973 年的"滞胀"危机、1987 年的"黑色星期一"，以及 2008 年美国次贷危机引发的目前全球经济仍深陷其中的经济危机。危机来临时，生产力遭到严重破坏，社会财富损失巨大，整个社会经济陷入瘫痪、混乱甚至倒退状态——销售停滞，产品大量过剩；企业利润急剧下滑，产量急剧下降；工人大量失业，物价飞涨；大量企业因陷入资金困境而倒闭，企业投资者损失惨重，甚至血本无归，教训极其深刻。其次是地区性经济危机或金融危机，如 1994 年墨西哥泡沫经济危机、20 世纪 90 年代的日本经济危机、1997 年发端于东南亚的亚洲金融风暴、1998 年俄罗斯经济危机等，无不导致经济的大幅度下滑和巨额的财富损失，而一个又一个的企业个案也时时提醒着人们风险无处不在且危害很大，如 1995 年百年老店巴林银行因"不可战胜的李森"炒作期货而轰然倒塌，2004 年中国航油集团（新加坡）公司因陈久霖炒期货指数造成 5.54 亿美元巨额亏损，2010 年中国铁建沙特轻轨项目更是亏损近 42 亿元人民币。

在惨痛的教训面前，人们才逐渐认识到经济领域风险的巨大危害，认识、控制和降低风险等风险管理内容才引起更多人的高度关注和研究。经过一个多世纪的探索，人们在认识投资风险的道路上取得了一定的成果，了解了风险的一些基本特性——投资风险客观存在，且影响因素复杂、多变；长期来看，投资风险与收益基本对等；只有风险才能带来风险溢酬等。现代企业作为多边契约关系的集合，只有源源不断地产生价值、创造财富，实现企业价值最大化，才能满足企业众多利益相关者的需求，从而维持企业自身的存在和发展。

企业是社会各群体利益的聚集点，它与社会各阶层具有最紧密的利益关系——企业和职工是雇佣关系；企业和政府是赋税关系；企业和股东是资本关系。企业分别为他们提供工资、税收和利润，没有了企业的良性存在和发展作为保障，工人就没有了工资，政府就没有了税收，投资者就没有了利润，我们很难想象这样的社会将如何存在下去。因此，正确认识和客观评价影响企业价值创造结果的不确定性因素，规避可能损害企业价值的风险，是保障企业生存、社会稳定的必要条件。特别是面对当今国际国内市场的激烈角逐，企业不但要抵御各种自然灾害的威胁，而且要防范各种突发性的经济风险，如市场风险、金融风险、投融资风险等。因此，企业只有全面地了解各种可能存在的风险，分析和研究导致这些风险的因素，并实施相应的措施，才能减少损失，从而经受优胜劣汰的市场竞争考验，在竞争中求得生存和发展。

1.1.2 研究意义

"如果我们能够预先建立应对风险的方法和措施，则风险就能成为一个有益的因素。风险管理的主旨不在于消除风险，因为那样只会把获得回报的机会浪费掉。风险管理需要做的应该是对风险进行管理，主动选择那些能够带来收益的风险。"这段来自《财富》杂志的精彩描述基本上客观地表达了风险对于我们事业的作用和意义，也从整体上概括了本书研究的意义。

（1）研究的现实意义

随着我国经济持续多年的高速发展，社会主义市场经济体制不断完善，企业国际化程度越来越高，我国经济面临新的机遇和挑战。尤其是2008年金融危机以来，一方面，我国原有的出口导向型高速发展的经济模式宣告结束，经济下行压力巨大，结构调整势在必行；另一方面，巨额的外汇储备和大量的过剩产能急需寻找出路。作为拉动经济增长的原动力之一，对内、对外的大规模投资势成必然。但是，中国投资公司入股美国黑石、平安保险公司入股欧洲富通等投资巨亏的事实告诉我们，投资风险就在眼前。由于我国实行市场经济的时间短，管理者普遍未经历经济危机的洗礼，在这样的条件下，投资者如何进行科学的决策——既实现收益又控制风险，对我们每一个企业管理者或管理团队都是巨大的挑战，对我们的"走出去"战略更是具有重要的现实意义。

现代市场经济条件下，从生产型企业到集团公司，再到跨国集团公司，乃至全球性公司巨头，企业规模呈现快速无限增大的趋势，企业所有权和经营权的分离成为一种常态，企业股权高度分散，企业投资者和管理者之间形成了纯粹契约式的委托代理关系，其结果是企业所有者的所有权被大大弱化的同时，企业管理者的经营权越来越被强化。而正是委托代理关系的存在和企业管理者的优势地位，使得企业管理者对企业活动可以施加更大的影响力，管理者的个体特征在企业的管理、经营、决策中的作用被显著放大，管理者的非理性特质不断地通过决策传递到投资本身，使投资的未来带有更多的管理者个体的非理性特征，从而增加了企业的投资风险。但是在传统经济学的理性假设条件下，企业风险研究长期忽略决策个体因素的影响，导致研究成果的理想化、片面化。因此，关注并约束企业高层管理者的非理性行为，强化企业民主决策，对加强企业风险管理具有重要的现实意义。

（2）研究的理论意义

18世纪70年代，"经济学鼻祖" Adam Smith 提出了"理性经济人"假设，从而一举奠定了西方古典经济学的理论基础，至今仍得到普遍认可。该假设认为，个体的行为是理性的、自利的、不动感情的和追求个体效用最大化的，并且古典经济学认为，企业管理者在进行管理工作时都是理性的，遵循"理性经济人"假设。20 世纪中期之后，传统的"理性经济人"假设受到越来越多人的质疑，50 年代，学者西蒙提出有限理性假设，较早地对"理性经济人"假设提出了质疑；80 年代，Thaler 等从进化心理学获得启示，认为大多数人既非完全理性，也非完全非理性，从而奠定了行为经济学的基础；90 年代，Laibson 将心理学和行为学结合起来，认为人性中也有情感的、非理性的、观念引导的成分。2002 年，诺贝尔经济学奖获得者 Kahneman 的主要贡献则是"将心理学研究结合到经济学中，特别是关于不确定条件下的人类判断和决策行为"。原则上，管理者可能做出任何决策，既可能做出符合企业目标的决策，也可能为谋求小团体或者个人私利而做出与企业目标相悖的决策。企业管理者无论做出何种决策，无疑都会对企业投资的成败具有决定性作用，其决策行为直接关系到投资收益和风险选择。正是鉴于人性的复杂多变，研究管理者的非理性程度有助于我们更深层次地解读企业投资风险，从而丰富投资风险的理论基础。

1.2　研究内容、方法与技术路线

本研究坚持两个原则：理论研究与实证研究相结合，理论研究与实际应用相结合。传统风险理论遵循"理性经济人"假设，弱化了管理者对企业的重要性，将管理者个体的作用理想化。本书从管理者非理性的视角出发，还原人在企业决策中的核心作用，尝试解释一些过去未曾完全解释的现象，进一步将管理者非理性特征引入风险综合评价模型，以提高企业风险管理水平。

1.2.1　研究内容

为方便研究的展开，本书就研究的问题所涉及的相关概念和研究范围做出如下界定："投资"是指从资本投入开始到结束经营的全部经济活动过程；"企业"是指生产制造型公司，单指实体经济体，不包括服务型企业；"管理者"是指对企业投资具有战略决策权的高层管理人员，包括董事长、总经理及其副职，以及与之相当的董事局主席、CEO、总裁等。

本书研究的理论基础，一是管理者非完全理性（有限理性），即管理者兼有理性和非理性的特征，并表现在其行为中；二是风险作为投资的伴生物，伴随整个投资过程始终，并对企业的经营目标产生影响；三是心理学及行为科学基础理论；四是信息不对称理论，即不同的人掌握信息的完备程度有差异。

企业管理者在进行经营决策时，受个体特征的影响，不同的管理者会表现出不同的行为特征，从而使投资的预期目标发生变化，增加企业风险。但是，并不是每个管理者都具有同样的风险影响力。现实中，企业投资的成败更大程度上取决于高层管理者的战略决策，这就将管理者和企业风险直接联系起来。正如毛泽东所说："政治路线决定之后，干部就是决定因素"，这也是本书将"非完全理性"的研究范围界定为企业高层管理者的主要原因。而现有关于投资风险的研究大都立足于投资主体的完全理性，选择忽视决策者的非理性作用，或者是虽然已经注意到风险中隐含的投资者决策作用，但多数集中在管理者理性决策对投资风险的影响，真正深入的讨论和分析还十分有限，且大都是定性归纳，原则性东西比较多。基于上述理论及研究现状，以及管理者和风险共有一个企业主体的事实，提出本书的核心假设：管理者非理性特征对企业投资风险产生影响。作者希望结合心理学的研究成果，分析管理者非理性特征对企业风险的影响，建立约束管理者非理性特征的企业风险模型，实现降低企业风险的目的，为企业的风险管理探索新的方法。

本书研究的最终目的是建立综合考虑企业高层管理者理性和非理性双重因素的投资风险约束模型，即在古典经济学"理性经济人"假设的基础上，注入管理者个体的非理性元素，以实现更贴近现实的投资风险评价，为进一步提高风险管理水平提供理论支持。为此，本书首先建立基于管理者理性特征的企业投资风险评价模型，并进行实证验证；其次，利用格兰杰因果关系检验，分别实证研究企业管理者过度自信和风险偏好两种典型的非理性行为与投资风险的影响关系；最后，建立综合考虑理性和非理性因素的企业投资风险约束模型，立足管理者过度自信、风险偏好与投资风险的相关关系，分析实证结果，提出政策性建议。

综合以上分析，本书设计如图 1-1 所示的研究框架。其主要研究内容如下：

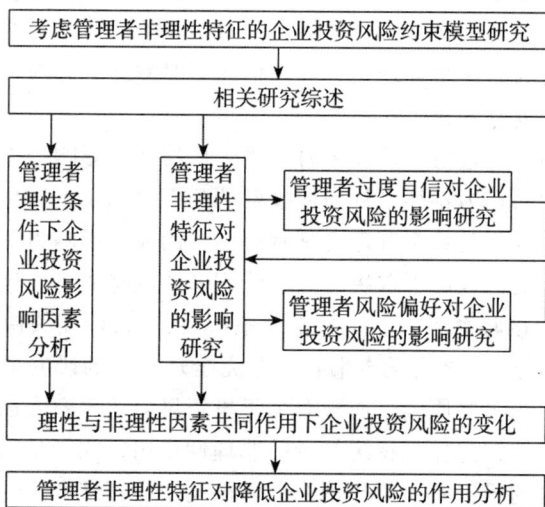

```
┌──────────────────────────────────────────────┐
│   考虑管理者非理性特征的企业投资风险约束模型研究   │
└──────────────────────────────────────────────┘
                    │
┌──────────────────────────────────────────────┐
│              相关研究综述                        │
└──────────────────────────────────────────────┘
        │                    │
┌───────────┐   ┌────────┐   ┌────────────────────┐
│ 管理者     │   │ 管理者  │→ │ 管理者过度自信对企业  │
│ 理性条     │   │ 非理性  │   │ 投资风险的影响研究    │
│ 件下企     │   │ 特征对  │   └────────────────────┘
│ 业投资     │   │ 企业投  │            │
│ 风险影     │   │ 资风险  │   ┌────────────────────┐
│ 响因素     │   │ 的影响  │→ │ 管理者风险偏好对企业  │
│ 分析       │   │ 研究    │   │ 投资风险的影响研究    │
└───────────┘   └────────┘   └────────────────────┘
        │            │
┌──────────────────────────────────────────────┐
│   理性与非理性因素共同作用下企业投资风险的变化     │
└──────────────────────────────────────────────┘
                    │
┌──────────────────────────────────────────────┐
│   管理者非理性特征对降低企业投资风险的作用分析     │
└──────────────────────────────────────────────┘
```

图 1-1　研究框架

（1）"理性经济人"假设条件下的企业投资风险评价模型研究

该部分内容对应于本书的第 3 章。第 3 章以"理性经济人"假设和全面风险管理思想为基础，首先从宏观（系统）和微观（非系统）两个方面入手，筛选出包括自然、政治、经济、行业、技术、市场、财务、管理八大要素的准则层，进而建立包含 23 个可量化指标的企业投资风险综合评价体系；然后按照主观与客观相结合的思想，综合运用 G1 法和变异系数法两种赋权方法，进行主客观组合赋权，构建基于动态组合赋权的企业投资风险评价模型；最后利用该模型进行实证研究，验证其实际应用价值。该模型反映了理性条件下企业投资风险的大小。

（2）管理者过度自信对企业投资风险的影响研究

该部分内容对应于本书第 4 章的 4.1。该节分别选取管理者过度自信和投资风险的代理变量，构建基于格兰杰因果关系检验的实证模型，以上市公司 2002—2009 年的连续数据为研究样本，完成样本数据序列的单位根检验和格兰杰因果关系检验。研究结果发现，管理者过度自信是企业投资风险的格兰杰原因，同时企业投资风险不是管理者过度自信的格兰杰原因。第 4 章主要是从管理者非理性的角度出发，实证了管理者过度自信与企业投资风险的因果关系。

（3）管理者风险偏好影响因素研究

该部分内容对应于本书第 4 章的 4.2。该节首先在分析影响风险偏好的管理者个性特征的基础上，构建基于管理者性别、年龄、教育背景、任职期限、个人财富、持股比例等特征的风险偏好基础计量模型和风险偏好修正计量模型；其次，选取沪深两市我国上市公司最近 10 年的管理者与企业信息作为研究样本，并通过归类、整理，将样本分为高职权样本、中职权样本、低职权样本三类；最后，将三类样本依次与风险偏好基础计量模型和风险偏好修正计量模型相结合，完成多元回归分析，并对回归结果进行比较分析。这部分内容主要是风险偏好计量方法研究，目的是为下一步的管理者风险偏好对企业投资风险的影响研究提供相对可靠的计量方法。

（4）管理者风险偏好对企业投资风险的影响研究

该部分内容对应于本书的第 4 章的 4.3。该节首先借助本章管理者风险偏好影响因素的研究成果，选取合适的代理变量量化管理者风险偏好和企业投资风险，构建基于格兰杰因果关系检验的研究模型；其次选取、筛选研究样本，完成样本数据序列的单位根检验和格兰杰因果关系检验，比较、分析研究结论，实证管理者风险偏好与企业投资风险的相互影响关系。该部分主要是从管理者非理性的角度出发，实证了管理者风险偏好与企业投资风险的因果关系。

（5）考虑管理者非理性特征的企业投资风险约束模型研究

该部分内容对应于本书的第 5 章。第 5 章主要是在本书第 3、4 章实证研究及结论的基础上，以理性风险为控制变量，以非理性的管理者过度自信、风险偏好为自变量，建立综合考虑理性和非理性两方面因素的企业投资风险约束模型，实证研究管理者过度自信、风险偏好与投资风险的相关关系，为企业控制和降低投资风险提供理论支持、提出政策性建议。

1.2.2 研究方法

本书坚持理论与实践相结合，采用理论分析与实证研究相结合、定量研究与定性研究相结合的方法，对相关问题展开研究。

（1）理论研究方法

本书的理论研究方法包含多个学科的多个基础理论，它们为本书的实证研究奠定了坚实的理论基础。学科涉及经济学、心理学、管理学、金融学、计量经济学、行为金融学、行为经济学、社会学等；理论主要包括"理性经济人"假设、有限理性理论、行为科学理论、信息不对称理论、格兰杰因果关系检验理论等，这些理论的研究方法大多属于定性的方法论。

（2）实证研究方法

本书运用 G1 法、变异系数法、组合赋权法、层次分析法、专家打分法等构建综合评价体系，进行理性条件下企业投资风险评价模型研究；运用单位根检验和格兰杰因果关系检验，研究典型非理性行为管理者过度自信与企业投资风险的因果关系；运用单位根检验和格兰杰因果关系检验，研究典型非理性行为管理者风险偏好与企业投资风险的因果关系；运用多样本比较与多元回归分析研究管理者风险偏好计量；运用多元回归分析构建考虑管理者非理性特征的企业投资风险约束模型。在具体模型的构建中，则以实践与理论分析为基础，灵活运用定量与定性的方法，力求准确地完成各个变量的刻画与计量。

（3）研究工具

本书使用的主要研究工具包括经济计量软件 EViews、SPSS、Stata，以及办公软件 Excel。

1.2.3 研究技术路线

本书的研究技术路线如图 1-2 所示。

阅读文献 → 发现研究主题

考虑管理者非理性特征的企业投资风险约束模型研究

研究框架设计（第1章）

相关文献综述（第2章）

理性条件下企业投资风险评价研究（第3章）

管理者非理性特征与企业投资风险的因果关系研究（第4章）

管理者过度自信与企业投资风险的因果关系研究（第4章）

管理者风险偏好影响因素研究（第4章）

管理者风险偏好与企业投资风险的因果关系研究（第4章）

考虑管理者非理性特征的企业投资风险约束模型研究（第5章）

研究结论与展望（第6章）

① 基础准备
② 理性研究
③ 非理性研究
④ 研究结论

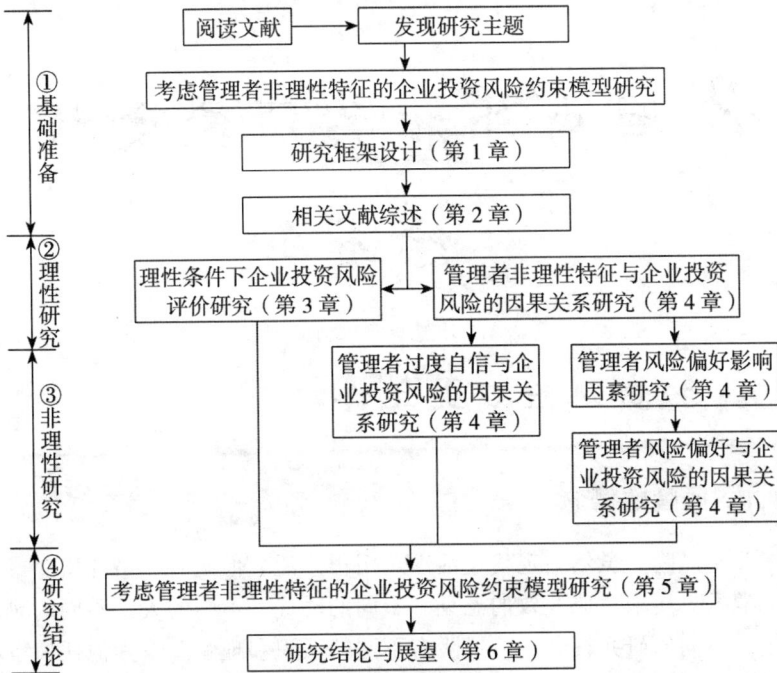

图1-2 研究技术路线

2 国内外相关研究文献综述

2.1 投资风险研究述评

2.1.1 风险的概念

关于风险，虽然在现代生活中运用很广泛，但是其严格的概念或定义，学术界还未达成一致的意见。不同的时代、不同的人、不同的研究领域、不同的研究视角，对风险有不同的认识和理解。像其他任何事物一样，人类对风险的认识也经历了由浅及深的发展历程。

18世纪欧洲工业革命时期，法国管理学家Fayol在《一般管理和工业管理》一书中，首次提出了"风险"的理念。当然，这只是对"风险"概念最初的、粗浅的、模糊的认识。1895年，美国学者Haynes所著的《经济中的风险》一书最早给出了"风险"的概念，其将"风险"定义为"损害或损失发生的可能性"。1901年，美国学者Willet在他的博士论文《风险与保险的经济理论》中，将"风险"定义为"关于不愿发生的事件不确定的客观体现"，指出了风险的客观性和其本质的不确定性。至此，人类对风险的认识仍停留在定性的初级阶段。

1921年，美国经济学家FrankKnight在《风险、不确定性及利润》一书中把风险与不确定性进行了明确区分，指出风险是可用概率测定的不确定性，而不确定性的概率是不可测定的。1964年，美国学者William和Heins在《风险管理与保险》一书中将人的主观因素引入风险分析，认为虽然风险是客观的，对任何人都是同样程度的存在，但不确定性则是风险分析者的主观判断，不同的人对同一风险可能存在不同的看法。Rosenb（1972）将"风险"定义为"损失的不确定性"。20 世纪 80 年代初，日本学者武井勋对风险进行了新的表述，认为风险是在特定环境中和特定期间内自然存在的导致经济损失的变化。Crane（1984）认为，风险意味着未来损失的不确定性。这一阶段随着概率思想的引入，人们对风险的认识逐步从初期的定性研究转向定量研究，开始了风险计量的探索。

我国学者姜青肪、陈方正（2000）认为，在以特定利益为目标的行动过程中，存在与初衷利益相悖的可能损失即潜在损失，由该潜在损失所导致的对行为主体造成危害的事态，便称为该项行动所面对的风险，简称该项行动的风险。

英格兰和威尔士皇家特许会计师学会、英国特恩布尔委员会（2005）都认为，风险管理包括建立企业框架、风险识别、风险计量、风险处理、风险报告和风险监控。风险识别和风险计量组成的风险评估对企业目标的实现具有重要意义，企业的风险计量系统在风险管理中扮演着关键角色，风险评估应当被管理者看成范围更广的企业管理的必要组成部分。

国际标准组织则将"风险"定义为"事件发生的可能性及其后果的综合"。

20 世纪 90 年代至今，随着定量研究方法的不断成熟，风险管理理论和实践开始走向成熟，风险管理的思想和体系逐步建立，一些企业开始在内部设立专门的风险管理部门。总之，随着社会的进步、人们对客观事物及其发展规律认识的不断深入，透过无数的挫折与失败，人们对风险的认识取得了初步的研究成果：任何事物的发展都伴随有风险，风险具有客观性和普遍性，高收益必然伴随高风险，但是高风险不一定有高收益。

总体而言，目前学术界对"风险"的概念主要有这样几种表述：一是传统的风险定义，即损失的不确定性；二是以各种字典为代表的"可能性"论，如我国的《辞海》定义风险为"人们在生产建设和日常生活中遭遇人身伤亡、财产损失及其他经济损失的自然灾害、意外事故和其他不测事件的可能性",英国的《牛津词典》定义风险为"遭遇危险、受到损失或伤害等的可能性或机会",美国《韦氏字典》定义风险为"会导致损失或伤害的冒险或意外事件";三是目前大家认可度较高的所谓当代定义,即"风险是预期结果与实际结果的差异"。

综合以上各种关于"风险"的概念,结合本书的研究内容,我们认为,风险是人们在日常活动中,受自身和客观条件的限制,遭受各种损失的大小及其可能性的综合,其直接表现是活动的实际结果与事前预期结果的差异。风险具有客观性、普遍性、复杂性、流动性。

2.1.2 企业投资风险的内涵与分类

（1）投资的内涵与分类

投资作为当今社会基本的经济活动之一,首先是一个动态的过程概念,伴随着时间的延续,并且这种时间的延续一般以独立法人（企业）的形式存在——投资人投入资本,企业法人成立,法人解体则投资结束。《新华字典》中将"投资"（Investment）定义为"货币转化为资本的过程",只有以营利为目的的货币投入才是投资,货币转化为资本,其性质发生了本质的变化。其次,"投资"是一个经济学名词,是有限资源与无限需求这对基本经济矛盾的表现形式之一,它目的单一,就是获取尽可能多的收益。最后,投资过程肯定有资源的投入,结果却具有不确定性,以资源的投入开始,结果可能"盆满钵满",也可能"血本无归"。因此,投资的本质是资金的有偿使用,符合商品交换的基本市场规律,即通过让渡资金在一定时间内的使用权换取超过原值的额外收益。在实际经济生活中,按照投入资源性质的不同,投资通常被分为实物投资、资本投资和证券投资三类,前两者通常通过生产经营活动获取收益,后者则通过持有权证获取收益。

综合上述分析,结合本书研究的具体内容,我们认为,投资是指以一定时间内对资源的让渡为付出,以获取超额收益为目的,并在整个活动过程中以投入资源多少承担责任和行使权力的经济活动过程。投资是一种经济活动,主要包含时间长度和利益诉求两个方面的内容。如果说利益诉求是投资的收益,那么时间长度就是投资不得不承受的成本或者代价，正是时间的延续带来的不确定性引发了投资活动的风险。因此，风险伴随投资活动的始终。

（2）企业投资风险的内涵

一般认为，企业投资风险是指由于各种难以和无法预料或控制的因素的作用，使企业投资的市场收益率偏离预计收益，从而使企业的财务收支方面产生剧烈波动，企业财务有蒙受经济损失的危险或可能性。

首先，企业源自资本，资本的本质决定了企业的本质。企业存在的根本目的是通过资本金的不断循环流动获取更多的价值，所以企业从产生到消亡始终处于不断变化之中，这种变化客观上导致了企业未来的不确定性，即企业投资风险的客观性，这也是企业投资风险存在的内因。其次，随着现代社会经济全球一体化和社会分工的日益细化，企业所处外部环境的变动越来越剧烈，从而影响了企业实现价值增加的进程，增加了企业的不确定性，这从外部决定了企业投资风险的客观存在。最后，人的主观因素的影响，即作为风险认识和管理主体的人对客观事物风险运动规律的认识本身具有局限性，主观上导致企业投资风险的存在。以上三点从根本上决定了企业投资风险的客观性、复杂性和流动性。

资本的本质决定了投资是企业生存和发展的必然选择，风险是投资活动不可避免的现象。只要投资，就一定会遭遇风险；反之，也只有风险才能带来更大的收益——风险溢酬。企业投资活动的风险性主要表现在以下几个方面：一是投资额的不确定性；二是投资收益的不确定性；三是投资时间的不确定性；四是投资环境的不确定性。前人的研究表明，投资风险是企业投资回报的一项相对客观的指标，风险幅度越大，回报率越高，风险幅度越小，回报率越低，这也是投资理财的客观规律。现代公司制度安排本身就具有降低风险的要求，如有限责任公司、所有权与经营权的分离、股份制等。

风险作为企业的客观存在，随着企业的存在而存在，并且伴随着企业的发展而发展，直至企业消亡。这也符合收益与风险对等的经济学原理——要取得预期的收益，必然要承担相应的风险。但是，这并不是说人们只能被动接受风险，不能管理风险。根据马克思的关于发挥人的主观能动性的原理，人可以认识客观规律并将其运用到改造自然的实践活动中，这就是科学技术。因此，企业风险虽然不会主动消失，但是人们可以通过风险管理达到降低风险的目的。

（3）企业投资风险的分类

当今社会，随着科技的飞速发展，无序化变动的加强，企业内部系统和外部环境的动态变化随之加剧，企业风险急剧加大，风险的复杂性也为人们认识。由于认识和侧重点不同，因此企业投资风险的分类也各种各样。

美国保险学者 Malbly 首先将风险分为纯粹风险和投机风险，指出纯粹风险是只有损失机会而无获利机会的风险，投机风险是既有损失机会又有获利机会的风险。

美国风险学家 Welantl 将风险分为静态风险和动态风险，指出静态风险是由于自然力量的非常变动或人类行为的错误导致损失发生的风险；动态风险是由于社会某一方面的变动如经济、社会、技术、环境、政治、市场等的变动而导致损失发生的风险。

Oxelheim 和 Wihlborg 指出，企业的风险指的是不可预见变化的数量级和可能性，其对企业的现金流、价值或盈利能力会产生显著影响。根据风险因素的不同，国际清算银行（Bank for International Settlements）将金融企业所面临的风险划分为经济风险（Economic Risk）、经营风险（Business Risk）、市场风险（Market Risk）、利率风险（Interest Rate Risk）、信用风险（Credit Risk）、法律风险（Legal Risk）、交易对象风险（Counterparty Risk）以及流动性风险（Liquidity Risk）。

一般认为，企业投资风险分为系统风险和非系统风险。系统风险是指一定区域内所有企业共同承担的相同风险，通常由市场环境的一个整体事件引起，此类风险不可分散，投资主体只能被动接受，如政治风险（国家政权更替、体制变化等）、经济风险（汇率变化、利率变化、通货膨胀等）、自然风险（火山、地震等）、法律风险（国家法律变化等）。非系统风险是指市场环境下部分企业或企业个体独有并独自承担的风险，通常由企业自身的随机事件引发，这类风险可以通过分散化投资加以消除，如管理风险、财务风险、生产风险、技术风险、市场风险等。

另外，企业投资风险按照投资对象的不同还可以分为实业投资风险与金融投资风险。实业投资风险是指企业内部与生产经营活动有关的投资以及对外的实业资本投资（如合资、联营、合作等）过程中，投资项目达不到预期收益的可能性，包括长期投资风险和短期投资风险。金融投资风险是指企业在以基本金融商品和衍生金融商品为载体的投资过程中达不到预期收益的可能性。

企业投资风险还可分为项目投资风险、房地产投资风险、证券投资风险、金融衍生工具投资风险。

目前我国比较常用的分类方法是，按风险来源不同，将企业投资风险分为系统风险和非系统风险。前者是指投资活动所处的宏观经济环境及其变化施加给投资活动所产生的外生风险，主要包括自然、政治、经济、行业等方面的风险，又称宏观风险；后者是指投资活动自身的不确定性引起的内生风险，包括技术、财务、市场和经营管理等方面的风险，又称微观风险。结合我国实际和本书的研究内容，我们倾向于系统风险和非系统风险的分类方式。本书的主要研究对象是非系统风险和实业投资风险。

2.1.3 企业投资风险评价

风险评价是在风险识别和分析的基础上，运用系统科学的理论和方法对系统存在的风险进行定性和定量的预测及分析，并做出综合评价，为寻求最佳对策、控制事故发生提供依据，以达到系统安全的目的。风险评价无疑是随着人们对风险认识的不断深入而逐渐发展、成熟起来的，关于企业投资风险评价的最早文献记录，可以追溯到 1693 年，保险精算师 Halley 撰写的一份关于人寿保险中度量死亡可能性的风险报告。但是企业投资风险评价真正发展、成熟起来，则是 1929 年爆发的人类历史上最大的经济危机，那场席卷整个资本主义阵营的危机给人类带来了空前的灾难，成了引发第二次世界大战的导火索。正是一次次的巨大危害和深刻的教训，促使企业投资风险评价逐渐成长为一门独立的学科。

（1）国外企业投资风险评价综述

Fitzpatrick（1932）最早运用单变量进行企业投资风险以及预测研

究。他选择了 19 家企业为样本，按照单个财务比率将样本划分为破产和非破产两组，结果发现，判断企业是否陷入严重财务困境的两个财务比率为净利润/股东权益和股东权益/负债。20 世纪 60 年代，Myers 和 Marquls 做了大规模的实证研究，这是有关企业风险评价与选择问题的最早研究。

1952 年 3 月，Markowitz 在《金融杂志》上发表了《资产组合的选择》一文，提出了均值方差理论（资产组合理论）。他开创性地将统计学中的期望与方差的概念引入资产组合问题的研究，提出用资产收益的标准差来计量风险，从而为风险研究开辟了一条全新的思路。他认为投资风险可视为投资期望收益的不确定性，这种不确定性可用统计学中的方差或标准差的概念来进行定量计量。具体表示如下：

$$\sigma_r^2 = \sum_{i=1}^{n} w_i^2 \sigma_i^2 + 2\sum_{i=1}^{n}\sum_{\substack{j=1\\j\neq i}}^{n} w_i w_j \sigma_{ij} = \sum_{i=1}^{n} w_i^2 \sigma_i^2 + 2\sum_{i=1}^{n}\sum_{\substack{j=1\\j\neq i}}^{n} w_i w_j \rho_{ij} \sigma_i \sigma_j \tag{2.1}$$

式中：σ_r^2——投资组合报酬的方差；

σ_i^2——个股报酬率的方差；

w_i——个股在投资组合中的比重；

σ_{ij}——两种证券的协方差；

ρ_{ij}——两种证券的相关系数。

通常风险的计量是指对企业期望收益偏离平均期望收益程度的可能性估计，因此，不确定性与概率具有"天然"的联系，常用的计量方法是计算平均值与各个方案值的差异，而方差和标准差到今天仍然是最普遍的风险计量工具。

20 世纪 60 年代，美国教授 William 和 Heins 把主观因素引入风险分析。他认为风险虽然是客观的，对任何人都是一样程度的存在，但不确定性则是风险分析者的主观判断。同一时代，Myers 和 Marquls 也做了大规模的实证研究，这是有关企业风险评价与选择问题的最早研究。这个研究的主要缺陷是过于偏重财务方面的考虑，忽略了技术、市场等多方面存在的不确定性。

1965 年，Sharpe 在《投资组合理论与资本市场》一书中提出了资本资产定价模型（Capital Asset Pricing Model，CAPM）。他指出在这个模型中，投资者会面临两种风险，即系统风险和非系统风险，而且任何风险性资产的必要收益率都等于无风险收益率加上风险溢酬，风险溢酬取决于投资者的风险回避程度。由于 CAPM 将资产收益率仅仅归因于市场收益率这一风险因素，因此它又称为单因素模型。

CAPM 基本模型如下：

$$R_j = R_f + \beta_j \times (R_m - R_f) \tag{2.2}$$

式中： R_j ——第 j 种证券的必要收益率；

R_f ——无风险利率，通常以政府债券利率表示；

β_j ——第 j 种证券的贝塔系数；

R_m ——市场证券组合的必要收益率；

$R_m - R_f$ ——市场证券的风险溢酬；

$\beta_j \times (R_m - R_f)$ ——第 j 种证券的风险溢酬。

1976 年，Stephen A.Ross 在《经济理论》杂志上发表了题为《资本资产定价的套利理论》一文，突破性地发展了资本资产定价模型，提出了套利定价理论（APT 理论）。APT 理论用套利概念定义均衡，不需要市场组合的存在性，而且所需的假设比资本资产定价模型更少、更合理。

上述企业投资风险计量方法的缺陷在于，很难捕捉到企业风险随时间变化的特性。为了刻画企业风险随时间变化的特性，广义的自回归条件异方差（GARCH）模型被引入到企业风险的计量研究之中。1991年，Nelson 提出了修正的 GARCH 模型——指数 GARCH（EGARCH）模型。

当 $r_t = \mu + \varepsilon_i$ ， $\varepsilon_t \sim N(0, h_t)$ 时：

$$h_t = \exp\left\{\alpha_0 + \alpha_1 \frac{\varepsilon_{t-1}}{\sqrt{h_{t-1}}} + \alpha_2 \left[\frac{|\varepsilon_{t-1}|}{\sqrt{h_{t-1}}} - \sqrt{\frac{2}{\pi}}\right] + \beta_1 \text{Log}(h_{t-1})\right\} \tag{2.3}$$

式中： r_t ——企业在 t 时刻的股票收益；

h_t —— r_t 的条件方差（假定信息在 t-1 时刻是可以获取的）。

由于 $\varepsilon_{t-1}\big/\sqrt{h_{t-1}}$ 的系数典型为负，因此 EGARCH 模型是非对称的，即在其他条件相同的情况下，相比于负的股票收益，正的股票收益将会产生更小的波动。

Fama 和 French（1993）在 CAPM 模型的基础上提出了 FF 三因素模型，认为 Beta 值不能解释股票市场不同股票回报率的差异，而上市公司的市值、账面市值比、市盈率可以解释股票回报率的差异，并以此认为"超额收益是对 CAPM 中 β 未能反映的风险因素的补偿"。

Ohlson（1980）运用 Logit 模型进行企业风险和破产预测。Ohlson 的研究表明，企业规模、财务结构、流动性及经营绩效四个因素对判断企业风险状况和预测破产最为重要，但 Logit 模型用于我国国有企业风险预测的缺点是计算程序较为复杂，使用该模型前需要根据企业实际财务数据做大量转换工作，因而实用性较差。

Lane 和 Wangsely（1986）建立了 COX 比例风险回归模型，用来预测企业未来的经营状况及存活的概率。该模型的优点是对企业的未来经营趋势预测能力较好，预测结果的误差较小，但是该模型的假设前提是，要求选择的样本企业的数据彼此独立，而且主要预测企业未来存活的概率，而非企业的风险程度，因此缺陷比较明显。

1993 年，G30 集团发表了题为《衍生产品的实践和规则》的报告，提出了度量市场风险的风险价值（Value at Risk，VAR）方法，该方法已成为金融界测量市场风险的主流方法。其含义是，在一定概率水平（置信度）下，某一金融资产或证券组合价值在未来特定时期内的最大可能损失。用公式表示如下：

$$\text{Prob}\,(\,\triangle P < \text{VAR}\,) = 1 - \alpha \qquad\qquad (2.4)$$

式中：Prob ——资产价值损失小于可能损失上限的概率；

　　　　$\triangle P$ ——某一金融资产在一定持有期 $\triangle t$ 的价值损失额；

　　　　VAR ——给定置信水平 α 下的在险价值，即可能的损失上限；

　　　　α ——给定的置信水平。

1994 年，美国的全国反虚假财务报告委员会下属的发起人委员会 COSO（The Committee of Sponsoring Organizations of the National

Commission of Fraudulent Financial Reporting）在 1992 年版《内部控制整合框架》报告的基础上进行增补，从而将内部控制理论扩展到内部控制整体框架。该框架率先突破性地将风险因素纳入企业内部控制整体框架之内，使企业的内控要素由三要素增加到监督、控制、风险、信息、环境五要素，且五要素联系紧密、内容广泛，组成了全新的企业内控框架，这一发展在内部控制理论发展史上具有里程碑式的意义。该报告的最大特征是明确了风险在企业内控整体中的重要地位和作用，指出了风险意识在企业发展中的意义。2004 年，COSO 颁布了一个全新概念的COSO 报告，并将其更名为《企业风险管理整合框架》，明确提出了企业风险管理的概念，进一步扩展了企业内部控制要素，认为整体的企业风险管理包括八个相关要素：内部环境、目标设定、事件识别、风险评估、风险应对、控制活动、信息与沟通、监督。为了有效地实现企业的预定目标，依次经过风险识别、风险评估、风险反应、自身调整等活动，达成风险管理，并且指出企业风险管理不仅仅是一个单纯的线性过程，而是环环相扣，向下传递，企业风险管理的八个组成部分是一个整体，是一个多元化的、相互作用的、动态的有机过程。

（2）国内企业投资风险评价综述

新中国成立以前，我国的工业基础非常薄弱，新中国成立后又长期实行计划经济，因此 20 世纪 80 年代以前，企业风险管理研究在我国基本上是一片空白。随着经济改革的逐步深入，市场经济和现代企业制度的建立，风险管理才逐步引起我们的重视。我国企业风险管理大致经历了如下几个阶段：

第一阶段，1980 年到 1982 年的"引进阶段"。改革开放以后，在学习西方经济管理理论和方法的过程中，我国的理论工作者开始接触、接受和介绍风险管理的概念与理论。风险的引入最早来自"决策"，"决策在很大程度上取决于决策者对待风险的态度与魄力"。从此，我国学者开始了对风险的研究，风险决策的方法——贝叶斯法和决策树法，初步介绍了西方国家企业风险的评价和管理办法，但是这些初步介绍还比较零散，不能形成对风险的系统描述。

第二阶段，1983 年到 1985 年的"消化吸收阶段"。在这一阶段，除了继续介绍西方企业如何进行风险决策的方法外，更多的关注转向了西方的风险企业和风险企业家，并且在深入认识企业风险的基础上，开始结合我国企业的实际情况，进行有意识的企业风险初步研究。在风险系统研究中，对风险进行定义、分类，而且第一次提出了"经营风险"的概念，还总结推广了企业进行市场风险预测和运用风险分析的方法。

第三阶段，1986年到1996年的"综合深入阶段"。这是企业风险研究在我国的高速发展阶段，风险识别和风险评估走向前台，如企业家的风险心理素质、经营者风险补偿的定量分析、设立企业风险基金的必要性和实行风险抵押的经验、风险机制和法律机制的配套运用、汇率风险的避免、科技进步和风险等。风险研究开始从不同部门或领域走向降低风险的最终目的。

第四阶段，1997年以来的"企业风险管理阶段"。1997年亚洲金融危机爆发，国家金融风险和安全问题引起了人们的高度重视，从研究金融风险出发，一批与世界同步的风险管理理论和技术在中国得到介绍和应用，如估值理论、资产组合理论、资产定价理论、套期保值理论、期权定价理论、实物期权理论等。风险管理作为一门学科开始在中国生根、发芽、结果。

随着企业风险研究在我国的逐步兴起，我国也涌现出了一批风险管理研究专家。台湾学者宋明哲（1984）将风险分为主观和客观两类，并出版了《风险管理》一书，该书是我国较早的有关风险研究的著作。我国学者向德伟（1995）研究了企业经营风险，认为企业经营风险作为一种微观经济风险，是企业经营环境的变化，以及企业经营管理工作上的失误和偏差，引起的企业经营状况与其预期目标可能出现的偏差，尤其是出现与预期目标相反的情况，可能危及企业扩大再生产的进行以及简单再生产的完整性和连续性。我国学者谭光兴（1997）研究了企业经营活动的风险度量，定义了度量经营风险大小的风险系数，讨论了风险系数的基本性质，这是我国学者对风险计量的较早研究。应霞芳（1999）研究了现代企业经营风险管理，指出现代企业所面临的风险较之过去已经大大增强，企业必须更新风险管理理念，建立一种系统的、事前的风险管理体制，这样才能对许多重大风险进行控制。阎华红（1999）所著的《中国企业风险与防范》一书，从企业财务风险、营销风险和资产风险防范几个方面介绍了企业风险管理的基本理论。佘廉、胡华夏（2000）所承担的国家自然科学基金项目"企业预警管理实务"，在实证考察的基础上，针对市场风险、组织风险、财务风险等构建了初步的预测指标体系和数理分析模型。郭晓梅和傅元略（2003）利用关于内部控制构成要素的理论，建立了递进式的企业风险评价指标体系，又利用层次分析法的原理、模糊数学的聚类分析和模糊综合评价原理，建立了内部控制的综合评价模型（ZPM），该模型利用定量的方法，将定性的评价结果统一转换为数量结果，从而提高了评价的科学性。罗冬梅（2006）认为风险是企业经营活动中不可忽视的因素，论述了风险导向内部审计在企业风险管理中的作用，并从风险识别、评估、防范和控制四个方面对风险导向内部审计如何参与企业风险管理进行了适当的分析。

从以上企业风险评价研究在我国的发展历程可以看出，虽然我国企业风险评价研究已经起步，但根据我国企业的实际情况，尚无系统化的企业风险管理过程机理分析和评价体系研究。由于发达国家和发展中国家间经济发展进程上的差异，我国的企业风险评价研究无论是在风险意识的形成与增强或物质基础方面，还是在理论基础和科学思想方面，都与发达国家存在很大的差距。有关企业风险评价的研究，大多是零星研究，主要集中在理论上和数理分析模型上，而对企业风险评价的内容进行的系统研究还不多，对风险评估方法在实践中的应用的研究也不够。

2.2 管理者行为研究述评

2.2.1 行为科学发展概述

（1）行为科学文献回顾

行为科学，顾名思义，是一门研究人的行为的科学，与心理学、社会学、经济学（含管理学）等社会科学的血缘关系很近，因此行为科学又被认为是心理学、社会学、经济学的交叉学科。因为本书重点讨论企业管理者的行为特征对风险的影响，所以选择从经济学（含管理学）出发回顾行为科学的发展历程。实际上，经济学从古典经济学到新古典经济学，再到现代的行为经济学，行为研究始终伴随其中，两者联系紧密。

经济学是研究人的经济行为的社会科学（刘兵军，2003），发展到今天仍然没有严格的定义，但是大家普遍认可：第一，资源的稀缺是经济学赖以存在的基础和前提；第二，行为是经济学分析研究的主要对象；第三，满足需要是经济学的最终目标。因此，一般认为经济学是研究一个社会如何运用稀缺资源通过各种实践活动以更好地满足社会（个人）需要的独立学科。回顾亚当·斯密以来的经济学理论不难发现，几乎所有的经济学理论都离不开行为研究。经济学中最早、最经典的"经济人"假设理论将自利置于行为之上，Ludwig von Mises 在其专著《人类行为的经济学分析》中这样论述："对经济问题本身的讨论都不可避免地始于选择的行为。"Alfred Marshell 认为："经济学是一门研究财富的学问，同时也是一门研究人的学问。"Paul A. Samuelson 在其著作《经济学》一书中提到，"经济学是研究任何社会如何做出选择的科学。"诺斯认为："人类的行为比经济学家模型中的个人效用函数所包含的内容更为复杂。"美国现代经济心理学家 George Katona 将现代经济学取代古典经济学归结为物的经济为人的经济所取代。因此，与其说行为科学的诞生是由人在社会经济活动中的主体地位决定的，不如说行为科学的诞生是科学发展顺应历史潮流的必然选择。

由于人的行为无处不在，因此行为研究在社科领域受到普遍关注。随着对人的作用认识的不断深入，经济学、心理学、管理学、社会学、文化人类学、政治学、精神医学等学科纷纷从自身角度出发开展行为研究，行为经济学、行为金融学、制度经济学、组织管理行为学、医疗行为学、犯罪行为学、政治行为学、行政行为学等学科相继诞生，极大地丰富了行为研究的内容，推动了行为研究的发展，为行为科学的诞生奠定了基础。

1949 年在美国芝加哥召开的一次跨学科科学会议上，有学者提出了"行为科学"的名称。1953 年，美国福特基金会主持召开全美大学科学家会议，正式命名为"行为科学"。美国管理百科全书定义："行为科学是运用自然科学的实验和观察方法，研究自然和社会环境中人的行为以及低级动物行为的科学，已经确认的学科包括心理学、社会学、社会人类学和其他学科中类似的观点和方法。"现代学者大都认可，行为科学通过分析人的心理和行为变化规律，提高对个体、群体行为的调节能力，从而达到调动人实践活动积极性的目的。

（2）行为科学发展现状

2002 年对行为科学的发展具有里程碑式的重大意义。2002 年诺贝尔经济学奖被两位行为科学大师史密斯和卡尼曼分享，前者是实验经济学的创始人，后者是期望理论的奠基者，前者从心理学的角度揭示了个体非理性行为存在的合理性，后者则利用自然科学的实证方法证明了非理性行为的真实存在。这一方面使行为科学从基础上达成了理性与非理性的理论相容，为行为科学的发展开辟了广阔的空间；另一方面，借助诺贝尔奖的巨大声誉，行为科学研究为更多的人所熟悉，引发了更多学者的关注，也证明了行为科学得到了主流经济学的认可，从而确立了行为科学的学科地位，随之而来的是行为经济学、行为金融学的兴起。但是，应当承认，行为科学本身并不是自成一体、具有完全独立知识体系的学科，而是经济学、心理学、社会学等关注人类行为研究的学科相互结合而成的交叉学科，其研究领域和成果更多的分布在行为经济学、行为金融学、实验经济学等领域。

行为科学以人性的复杂多变、行为的自然和社会欲望为研究基础，以人的行为和产生的原因为研究对象，即主要是从人的欲望、需要、行为动机、目的等心理元素出发，分析人的行为规律，尤其是人与人之间、人与集体组织之间的关系，并据此进行预测和控制，从而更高效的达成组织目标。经过无数学者的努力，行为科学发展到今天产生了许多理论，形成了行为科学的基础内容：一是个体行为，主要研究人性假设和心理因素；二是群体行为，主要研究群体的特征、组成方式和内部关系；三是组织行为，主要研究组织内的个体、群体与组织在目标、动机等方面的关系及规律；四是动机与激励理论，主要研究人的行为动机及需求满足。毫无疑问，随着"人本主义"思潮的回归，行为科学会赢来更大的发展空间。

人是理性的还是非理性的？这是人类很早就关注的基本问题之一，也是行为科学研究无法回避的首要问题，它贯穿行为科学研究的始终。从早期传统经济学的"理性经济人"假设到梅奥的"社会人"、马斯洛的"自我实现人"、威廉姆森（Williamson）的"契约人"，以及西蒙的"有限理性人"、当代的"文化人"等，都试图从不同的角度揭示人类行为活动的规律。虽然各种理论各有利弊，结果亦不尽如人意，但其时间序列所呈现的理性到非理性的发展历程，却无意间为我们研究行为科学打开了方便之门。

现代认知心理学研究也发现，由于人性的复杂多变，实践中人的行为决策并不总是理性最优，人的行为选择不仅受其利益的驱使，同时还受到人个体心理特征的影响。因此，人性作为行为决策的直接动机，使得人的行为兼有理性和非理性的成分。个体行为决策过程如图2-1所示。

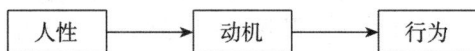

图2-1 个体行为决策过程

（3）行为科学的理论演进

行为科学的理论演进遵循从理性到非理性的发展规律，从理想化假设到尊重现实的历史演进过程，也同样遵循人类对自然发展规律由浅及深、不断深入的认识基本规律。

①预期效用理论

预期效用理论是现代决策理论的基石，它是在行为科学研究初期，立足于理想的理性假设的粗糙理论，主要描述了"自利、个体利益最大化"理性人决策的过程，并建立了理论模型。应该看到，虽然预期效用理论抛开了决策者个体特征的理性假设前提在现实中很难实现，但其首创的理论思想意义重大、影响深远。

②期望理论

作为行为科学发展的重大转折，期望理论的产生来自于传统预期效用理论对实际决策中越来越多"异象"的难以解释。期望理论的重大贡献在于，考虑了决策者个体的心理因素，它认为，行为主体的决策过程是一个心理过程。因此，期望理论突破了严苛的理性假设条件，其实质是描述了非完全理性条件下的决策过程，完成了行为科学从理性到非理性的跨越。

③后悔理论

后悔理论是对期望理论的进一步发展，是当前最贴近现实活动的前沿行为决策理论成果。它充分考虑了决策者个体的"感性"因素，从情感和动机的角度研究决策行为，为行为理论注入了新的元素，从而完成了对更多"悖论"的解释，具有更广泛的用途。后悔理论认为，在实际决策中，行为主体并不只是关注可能的结果和结果发生的概率，情感因素也在其中发挥作用。具体表现为事后行为主体会进行结果比较，如果实际行为结果不如其他可能的未选结果，决策者就会感到失望，为自己的决策后悔。与期望理论与预期效用理论相比，后悔理论更系统，更贴近现实。

（4）理性与非理性的内涵

理性和非理性最早是一对哲学概念，它们之间的矛盾是哲学始终都在研究和探讨的根本课题之一。一般哲学意义上认为，理性和非理性对立的本质是科学主义与人本主义的对立，是客体与主体的对立，但这些都是人精神世界的反映和表象。此外，历史学、社会学、心理学和经济学等非哲学学科对理性与非理性也有不同的理解。

早在古希腊时代，哲学家柏拉图把人的认识分为四个不同的等级：理性、理智、信念、想象，并且指明理性和理智较之信念和想象更明晰。他的学生亚里士多德则进一步指出"灵魂中的心灵亦即理性"。

17世纪，"近代科学始祖"笛卡尔认为，理性和真理是"正确判断和辨别真假的能力"，非理性则是"通过感官片断的、混淆的和不依理智的秩序而呈现给我们的个体事物得来的观念"。

20世纪，现代西方科学哲学"新历史主义"学派的代表人物Dudley Chapelle认为，所谓理性，总是同理由和推理紧密相关的。

1933年，经历8年的霍桑实验，人际关系学派的创始人Mayo首次实证性研究了人的感性（情感）因素在经济活动中的存在及影响力。

第二次世界大战之后，"科学管理"思想和"文化管理"思想的先后兴起，分别代表了理性与非理性在新时期的发展特征。

1962 年，美国经济学家加里·贝克尔在《非理性行为和经济理论》一文中，考察了非理性因素在现代经济生活中的作用。之后，德国学者韦伯、美国学者西蒙分别从经济学方法论的角度对理性经济人的古典教条展开了批判，强调了非理性因素在现代经济生活中的作用，试图用理性和非理性相结合的方法来管理经济活动。

20 世纪 80 年代，以完全理性假设为前提的传统金融理论不能解释越来越多的"异常现象"（如股权溢价等），人们开始从放宽投资者理性程度的角度进行金融研究，从而开启了一门新的学科——行为金融学，"非完全理性"的概念才逐渐被大家所接受。比如，罗伯特·希勒（Robert J.Shiller）（1997）就从三个层次定义行为金融学。

我国现代学者张雄博士针对现实经济人理性和非理性的互动机制对市场经济发生、发育、发展的影响，研究了市场经济中的非理性世界。他认为，经济人的非理性因素和市场有共生关系，这种非理性因素在中国经济的转型过程中已产生严重影响。

我国学者邵希娟等（2005）系统地介绍了当前决策中常见的非理性行为：框架效应、损失厌恶、锚定效应、过度自信和证实偏好。

《简明不列颠百科全书》把"理性"解释为"哲学中进行逻辑推理的能力和过程，严格地说，理性是与感性、知性、情感、欲望相对的能力"。

人类认识客观事物及其发展规律，从一无所知开始，永无止境。如果说理性是认识道路上被大家普遍接受的共识，非理性则是建立在个人性格、喜好基础上的个性认识，也就是感性。因此，如果说理性是科学的，那么非理性不一定是非科学的。本书探讨的理性与非理性是从经济学意义上考虑的，其基本差别来自"经济人"假设。本书所说的"非完全理性"是指理性和非理性的统一，希望通过对企业管理者"非理性"行为的研究，深化对"非理性"行为的认识，进而实现对企业管理者"非理性"行为的科学管理，其实质是探索企业管理者决策行为理性和非理性的合理结合，约束管理者的决策行为，保证企业在实现预期投资目标的同时，降低投资风险。

2.2.2 理性行为与"经济人"假设

人类区别于动物的最主要的特征是会思考，思考使人类具有了理性的特征。因此，行为研究从理性开始有其历史必然性。起源于 Adam Smith 思想的"理性经济人"假设作为传统经济学研究的基石，至今仍是绝大部分经济学文献默认的研究基础，也是最早最著名的理性行为理论。关于"理性行为"的概念，至今还没有统一的界定，但立足于"经济人"假设的经济学认为，理性行为有两个基本特征：一是行为主体是自利的；二是行为的目的是行为主体利益最大化，其实质是完全理性。脱离这两点的利他行为、非利益最大化行为等则划归非理性行为。基于上面的共识，一般认为理性行为是指人们在某些理性因素作用下做出的行为选择，其最显著的特征是清晰的逻辑思维和推理过程。

1776 年，"经济学鼻祖"Adam Smith 出版了他的名著《国民财富的性质和原因的研究》（An Inquiry into the Nature and Causes of the Wealth of Nations，简称《国富论》）。"经济人"假设的思想来自该书中广为引用的一段话："我们决不能指望从屠夫、酿酒师或面包师的仁慈中获得我们的午餐，而只能从他们对自身利益的关切中来获得。我们要向他们讲述的不是他们的人道博爱，而是他们的私心。"Adam Smith 认为，人天生就是没有感情的"经济动物"，是理性的、自利的，人的一切行为都是为了最大限度满足自己的私利。之后，Pareto 扩充了 Adam Smith 的思想，给出了"经济人"的概念，他认为经济人在追求个人利益时，能够精确权衡边际收益和成本，并选择自身效用最大化的结果。Mill 最终完善了"经济人"假设的内涵，认为经济活动中的个体是完全理性和自利的，天生具有追求个人利益的动机，并能合理利用自己掌握的信息，最大化其预期效用。他的"最大化原则"和"最优化原则"将"经济人"的理性推向了极致。

1944 年，Neumann 和 Morgenstern 发表了专著——Theory of Games and Economic Behavior（《博弈论与经济行为》）。在专著中，他们立足于个体的理性偏好，运用逻辑和数学工具，创立了著名的期望效用函数理论（Expected Utility Theory），并提出了预期效用最大化原则。他们认为，风险情景下行为个体谋求效用最大化，其经济活动最终结果的效用水平取决于行为个体对各种可能结果预测的加权评价。1961 年，Arrow和 Debreu 将期望效用函数理论应用到瓦尔拉斯均衡的框架中，构建了处理不确定性性行为决策问题的分析范式。至此，建立在"经济人"假设基础上的理性行为理论基本确立。

20 世纪下半叶，"经济人"假设被推广到更广泛的社会领域。Buchanan 将"经济人"扩展到政治领域，对政治家、公务员的公共行为进行分析研究。Becker 将"经济人"假设推广到家庭、犯罪、婚姻等社会行为领域。Coase 和 North 将制度和行为结合起来，认为"当代制度经济学应该从人的实际出发来研究人，现实的人在由现实制度所赋予的制约条件中活动"。Nash 提出的现代博弈论的核心——"纳什均衡"。这些都是直接建立在传统"经济人"假设理论之上的理性行为理论，从严格意义上讲，它们并没有跳出古典经济学的窠臼。

不可否认，"理性经济人"假设所依附的古典经济学在发展生产力、提高劳动效率方面确实取得了显著的成绩，但是应该看到，这只是一种理想状态，在现实经济生活中是不可能存在的，因为没有一个行为主体能同时具有充分有序的偏好、完备的信息和精确的计算能力。受18 世纪社会及经济发展条件的制约，研究者为了研究的开展和方便计量，探索经济活动的本质和规律，对人这种难以把握的特殊生产资料进行了简单化处理，将其理性化为等同于普通生产资料，从而使经济学理论研究的体系化、公理化、逻辑化成为可能。但其"天然"缺陷明显：一是定性行为主体"全知全能"；二是排除了心理因素对人的决策行为的影响。这导致了理性行为理论与实际选择行为之间出现了系统性偏差，从而减弱了对实践经济活动的解释能力，这也为"理性经济人"假设理论的不断完善和发展提供了可能。

2.2.3　理性行为与非理性行为的融合——非完全理性行为

经济学领域一般认为，非理性行为是指行为主体在直觉、本能、信念、情感等非理性因素的推动下（非逻辑推理思维）对外界环境的反

应，它的兴起源自人对自身认识的不断深入。非理性行为产生的原因有
两个：一是人的认知能力有限；二是信息不对等。前者是人自身基础不
对等，后者是外部环境的不对等。随着人们将更多的关注从"事"转向
"人"，人们很快发现，人并不总是理性的，实践行为与传统理性行为理
论有时并不相符，出现了越来越多的异常现象，于是，对行为的非理性
特质的研究开始走向历史的前台。相比经济学对财富的优先关注，管理
学始终对人（管理者和被管理者）有更高的关注度，这也为非理性行为
研究最先在管理学领域取得突破奠定了物质基础。

（1）非理性行为研究的萌芽

1911年，Taylor 发表了他的代表作——《科学管理原理》，这标志
着现代管理学的诞生。1933年，Mayo 在其持续9年（1924—1932）的
霍桑实验的基础上，出版了《工业文明中的社会问题》一书，总结出了
人际关系理论（包含社会人理论、士气理论、非正式群体理论、人际关
系型领导者理论）。该理论认为，人不是孤立的、只知挣钱的机器人，
而是处于一定社会关系中的群体成员，群体间良好的人际关系是提高生
产效率的重要影响因素。在经济学领域，Mayo 最早将研究重点从对事
和物的关注转向对人的关注，一举奠定了现代行为科学的研究基础。

1943年，马斯洛发表了论文——《人类激励理论》，提出了马斯洛
需求层次理论（Maslow's Hierarchy of Needs）。该理论认为，人类的需求
是分层次的，由低到高依次为生理需求、安全需求、社交需求、尊重需
求和自我实现需求，并且每个人都潜藏着这五种需求，但在不同的时
期，各种需求的迫切程度是不同的，迫切程度最高的需求才是人行动的
主要原因和动力。相比 Mayo 的人际关系理论，马斯洛的需求层次理论
进一步分析了行为的心理追求和动机，开始关注心理学在行为研究中的
作用。

1957年，McGregor 发表了论文——《企业的人性方面》，提出了
"X-Y 理论"。他指出，在行为研究中存在两种有关人性的截然不同的
观点：一种是消极的 X 理论；另一种是积极的 Y 理论。其中，X 理论
认为人的本性是懒惰的、缺乏进取心的，天生不喜欢工作，因此对企业
员工必须采取严厉的监督和控制管理模式；Y 理论则认为人天生努力进

取，勇于承担责任，能够自我控制，为实现自我价值而工作，因此对员工应该采取鼓励、指导的管理模式。他认为，X 理论是一种过时的理论，只有 Y 理论才能保证管理的成功。McGregor 在比较"经济人"假设和人际关系理论的基础上，提出了自己的"自我实现人"假设和基于此假设的 Y 理论。虽然这种比较分析比马斯洛的需求层次理论前进了一步，但仍然只是对人性的认识，并没有涉及行为动机等成因分析，其实质是使经济学摆脱心理学而独立发展，因此这一阶段的研究属于早期的萌芽阶段。

（2）非理性行为研究的快速发展

行为科学从理性向非理性的跨越离不开认知心理学。认知心理学研究的是行为个体感知、使用语言、推理、判断、决策的心理过程和结构。由于行为过程的复杂多变，因此情感、观念等非理性因素的影响难以避免，直接导致了行为动机的多元化，这就是非理性行为的认知心理学基础。认知心理学的研究表明，由于人性的复杂多变，行为决策并不总是理性最优，行为主体也并不是单纯的"经济人"，而是既有理性特征，又有情感、认知偏好等非理性特征的现实人。因此，个体行为不但受到自身利益的驱使，而且受到个体心理特征的影响。

Simon 最早对传统理性人行为假设提出了正面的质疑和挑战。1955年，Simon 发表了论文——《理性选择的行为模型》（A Behavioral Model of Rational Choice），对传统的理性人假设直接提出了质疑，最先提出了有限理性的概念，并用它取代了传统的完全理性假设。Simon 之所以对完全理性假设提出质疑，与他同时具有政治学、管理学、心理学等学术背景密切相关。当时的认知心理学的研究成果表明：个体行为决策是一个复杂的系统，系统在决策过程中不仅能够理性认识可得的信息，而且同时受到诸如个体经验、直觉以及情感等非理性因素的影响。正是基于认知心理学的理论基础，Simon 完善了传统完全理性假设，提出了有限理性理论，并提出了"满意化原则"。他认为在现实生活中，很难做到行为决策利益最大化，通常只能做到有限的"满意决策"，作为管理者的个体是介于"理性"和"非理性"之间的有限理性人，并进一步分析了有限理性产生的具体原因，即未来事项的不确定性、行为个体特征的差异性、可得信息的不完全性。Simon 的有限理性理论综合考虑了个体理性的合理性和局限性，开创性地将心理学引入经济学领域，具有划时代的意义，也确立了 Simon 行为科学奠基人的地位。

1962 年，Vernon 发表了他的第一篇有关实验经济学的论文——《竞争性市场行为的实验研究》（An Experimental Study of Competitive Market Behavior），首次将实验引入行为科学研究，开始了他创立实验经济学的历程。他通过实验方式将行为主体置于更接近真实的模拟环境，研究其行为反应。他指出，构成实验的三个基本元素分别为环境、体系和行为，其中环境是初始资源，体系是游戏规则，行为则是实验的观察结果。他认为传统理性假设过于依赖经验和理论推理，他主张提高行为的重复性和控制性以避免自然市场数据的缺陷，主张利用实验方法来纠正传统经济学由于纯粹的逻辑演绎和数学推理所产生的偏差。Vernon 突破了行为研究只能观察的陈规，代之以在可控实验室进行检测的实验科学，Vernon 本人被誉为"制度经济学之父"。

1979 年，Klansman 和 Tversky 在《计量经济学》（Econometrica）杂志上发表了常被引用的经济学经典文献——《期望理论：风险条件下的决策分析》（Prospect Theory：An Analysis of Decision under Risk），第一次提出了以偏差分析为核心的期望理论（Prospect Theory，又译作前景理论、展望理论、预期理论、远景理论等）。该理论认为，个体面对未来不确定的行为选择，常常在不经意间受到直觉和经验的影响，并提出了全新的价值函数理论，以代替传统的预期效用函数理论解释个体行为选择，从而更好地解释了现实中可以观察到的经济行为。他们从问卷和实验的角度出发，发现现实人行为与理性人按照效用最大化理论做出的行为不同，其原因在于人们的行为不仅受到利益的驱使，还受到多种心理因素的影响，从而最早将心理学引入行为研究，极大地丰富了行为研究的内容，推动了行为科学的快速发展。

"经济行为的理性和非理性具有相容性。"这是 1992 年诺贝尔经济学奖得主 Becker 的一个论断。应该看到，持有非理性观点的学者本身并不否认理性的存在，与传统完全理性观点的不同在于，他们认为人是非完全理性的（通常又称为有限理性或相对理性），即人既不是纯粹理性，也不是纯粹非理性，而是理性与非理性的统一，人的行为则兼有理性和非理性的特征。因此，非完全理性突破了完全理性的束缚，是对古典理性假设的补充和完善，是理性与非理性的融合，是矛盾的统一体，是更普遍的真理，对实践活动具有更强的解释力。理性与非理性在经济学上的最大差异在于人在社会生产过程中的地位及认识不同，前者把人等同于普通的物质生产资料，后者则进一步认识到人在生产中完全不同于其他生产资料的特殊地位和作用。

2.3 典型的非理性行为与企业投资风险研究述评

非完全理性行为研究的诞生源自完全理性对现实异常情况解释力的逐渐减弱，甚至对个别行为无能为力。20 世纪 50 年代，Simon 提出了著名的有限理性理论，率先对被誉为"传统经济学基石"的"理性经济人"假设提出挑战。至此，理性假设下各种所谓的"异常现象"——非理性行为受到越来越多学者的关注，相关理论研究层出不穷。发展至今，非理性行为尚未形成统一的概念界定，但是经过许多学者的不断努力，一些特征鲜明的非理性行为却赢得了广泛的关注和认可，过度自信（Overconfidence）和风险偏好（Risk Preference）是非理性行为研究中的典型代表。应该看到，国内这方面的研究较少，大量的非理性行为研究文献都集中在国外，尤其是美国。

2.3.1 管理者过度自信

（1）过度自信的经济学含义

虽然古典经济学的开山鼻祖 Adam Smith 早在工业革命前就指出，"大多数人对自己的能力和自己会有好运有着愚蠢的过度自负"，但是过度自信的概念却源自认知心理学家。认知心理学家在长期的实践活动中，通过大量地观察研究发现，人们在实际行为决策过程中常常过高估计自己的能力或者确信自己有别人所没有的能力，从而将成功的功劳更多地归功于自己的努力和水平，而低估运气和他人的努力，将失败的原因归结为"倒霉"的运气等外界无法控制的因素和别人的无能和不努力，无视自己的过失和错误，心理学家命名这种人的个体特质为"过度自信"。心理学家普遍接受过度自信是人类最稳定的心理特质之一，且它具有普遍性，广泛存在于各个社会领域，其本质是一种认知偏差。大量的心理学文献也证实，企业家、银行家、工程师、律师、汽车司机、医护人员等诸多不同领域的行为主体，都在实践活动中表现出过度自信的行为特征。过度自信兼有积极和消极的作用，一方面，它使人更加坚强自信，勇于行动和承担责任；另一方面，它也容易使人盲目自信，从而给事业带来危害。

心理学研究把过度自信的原因归结为人的自我归因偏差（Self-attribution Bias）和乐观主义（Optimism）。1998 年，心理学家 Odean 研究发现，人们不希望由于承认自身的不足而觉得沮丧，因此更愿意将失败的责任推卸掉，这就是自我归因偏差。由于自我归因偏差的存在，成功反而会增强人的过度自信，从而沿着成功的道路，人变得更加过度自信。乐观主义则纯粹是人类自我认识不足的一种主观信念，使人自己陷入盲目的情绪中不能自拔，其本质也是自我归因偏差引发的过度自信。

过度自信在经济学领域的广泛应用直接来自心理学与经济学的融合，行为金融学、行为经济学的诞生与发展，为过度自信这种"最经得起考验的发现"在经济学研究领域的应用打开了方便之门。美国耶鲁大学学者 Shiller 等最早将过度自信引入金融研究领域，指出了传统金融学理性行为假设的不足。欧洲学者 Bondt 和 Richard 认为："行为经济学打破了传统经济学中关于人类行为规律不变的前提假设，将心理学和认知科学上的成果引入到金融市场演变的微观过程中来。行为经济学家和经济心理学家通过个案研究、实验研究和现场研究等多种方法，使得人们对行为人的各种经济行为特征及原因有了更深的认识。"归纳现有的研究文献，管理者过度自信的影响因素包括管理者性别、经验、决策事项的难易程度、受教育程度、文化背景等。

（2）股市投资者过度自信

在经济学领域，最先受到关注的是证券市场的投资者。证券市场的投资者作为资金的拥有者，其相对优越的社会地位无疑会助长其过度自信，特别是股票市场，由于其历史数据齐全、交易活动周期短、行为主体明确等特点，因此吸引了更多的学者研究股市投资者过度自信，并取得了丰硕的研究成果。Daniel 和 David 等于 1998 年、2001 年两次实证研究了美国股市投资者的交易状况。前一次研究发现，过度自信的投资者更愿意买入过去曾经盈利的股票，或者卖出过去曾经亏损的股票；后一次研究发现，过度自信的投资者明显低估投资风险，更倾向于持有高风险的股票或者投资组合。行为金融学家 Albert Wang 通过长期跟踪、分析理性与非理性交易者的交易状况，结果发现过度自信的投资者因为过高估计了自己的交易能力和水平，坚信自己能获取高于别人的投资收益，所以更倾向于过度交易。2001 年，学者 Gervais 和 Odean 建立了在投资者过度自信研究领域认可度最高的理论模型——多阶段市场模型，选择较长的时间段来研究投资者，结果发现经验不足的投资者比经验丰富的投资者更加过度自信。我国学者王健、庄新田研究发现，基金经理的过度自信程度越大，基金的投资风险也越大，但这种关系并不十分稳定。股市投资者大多代表个人或个体投资者，其投资成功或失败的影响，通常仅限于投资者本人或有限的范围内，不会对他人、相关组织，甚至社会利益和财富造成损失和伤害。相对来说，股市投资者的影响较小。

（3）管理者过度自信与企业投资风险

企业管理者作为公司领导者，其本身就是社会成功人士，受到社会足够的重视和尊重，而其走到领导者岗位的过程本身就是一次次成功的累积，因此，企业管理者比普通人拥有更多的理由倾向于过度自信。但是应该看到，管理者作为企业的领路人，他的能力、素质、性格等因素决定下的决策行为以及行为结果，至少在其领导的企业内具有最高影响力，管理者行为决策科学与否，对整个企业的生存和发展都有决定性作用。因此，企业管理者过度自信的特质与企业投资风险联系密切、关系重大。

人们很早就注意到，管理者过度自信，并通过众多的研究成果证明了它的广泛存在性。Cooper、Woo 和 Dunkelberg 等（1988）收集、整理、分析了 2 994 个美国企业家的相关数据，结果发现企业家群体普遍存在过度自信、谨慎不足的问题。Glaser、Schers 和 Weber 等（2007）以德国上市公司企业管理层（包括 CEO、CFO、高管、董事、监事）为样本进行研究，结果得到了相似的结论。Alicke 和 Klotz（1995）通过实验研究发现，企业内高层管理者的过度自信程度强于普通员工。我国学者郝颖，以及王霞、张敏等通过实证研究，得到了同样的结论——过度自信的企业高层管理者更有可能选择过度投资。

关于管理者过度自信与投资风险的影响关系，Shefrin（2001）通过实证研究指出，管理者过度自信的程度越高，越易于选择高风险的项目，投资风险也越大。Moore、Kim 等（2003）研究发现，过度自信的经理人常常高估回报、低估风险。20 世纪 90 年代，Freear 和 Berlin 分别分析了天使投资者和风险投资家的特征和作用，暗示了风险资本运作中投资者的重要作用。我国学者郑安国（2000）从风险投资家的角度，指出风险投资是基于经验、知识、信息和判断的冒险，进而阐释了风险投资与人性冒险偏好等的关系。我国学者赵德武、马永强（2004）的研究表明，在完善市场上，投资收益主要取决于投资者的风险偏好；在不完善的市场上，投资收益则取决于投资者的决策能力和风险偏好。同时进一步指出，风险资本是一种融财务资本、人力资本、声誉资本于一体的复合型资本，其高额收益源自风险投资者的人力资本。

（4）管理者过度自信的计量

当前，虽然大家普遍认可管理者过度自信的存在，但是由于不同的管理者，过度自信的程度不同，同时人类对它的发生机制了解有限，使得准确计量过度自信变得非常困难，因此对于管理者过度自信的计量，学者们各执一词、莫衷一是，近 10 年才陆续有学者提出其计量方法。已知的计量方法有管理者行权期内持有本公司股票数量、消费者情绪指数、管理者股权激励、企业景气指数、企业盈利预测偏差等。

Malmendier、Tate 等（2008）最先提出，用管理者持有本公司股票数量的变化量来衡量管理者过度自信，即预先设定一个基准值，用以判别管理者是否过度自信。我国学者郝颖、刘星等借助这种方法研究国内管理者过度自信，并定义 3 年持有相同数量本公司股票的高层管理者为适度自信，3 年持有本公司股票且数量增加的高层管理者为过度自信。

我国上市公司股权激励起步较晚，目前对这种方法的使用较少。Oliver
提出用消费者情绪指数来衡量管理者过度自信，该指数由定期电话访问
结果编制而成，主观性较强。我国台湾学者 Lin 等（2005）首先用企业
净利润预测偏差，以衡量管理者过度自信。我国学者余明桂、夏新平等
（2006）将其引申到上市公司的年度业绩预告，同年，余明桂、夏新
平、邹振松又在实际研究中用我国政府编制的企业景气指数衡量管理者
过度自信。以上有关管理者过度自信的衡量方法，无论是由国外学者还
是国内学者提出，都出现较晚，并没有得到广泛认可和大范围使用。显
然，目前对过度自信的衡量方法还不成熟，仍处于初期的摸索阶段。

2.3.2　管理者风险偏好

1962 年，美国亚利桑那大学教授 Smith 在《政治经济学》杂志上
发表了他通过实验撰写的论文——《竞争市场行为的实验研究》，这标
志着一门新兴学科——实验经济学的诞生，从而大大拓展了传统经济学
的理论基础和对人个体行为的解释力，为实验经济学基本领域之一的风
险偏好实验研究提供了理论基础和发展条件。

（1）风险偏好的定义

1952 年，著名学者 Markowitz 在其投资组合理论中最早提出了"风
险偏好"的概念，并定义风险偏好为投资者在进行投资选择的过程中，
面对投资收益和风险，所表现出来的对待风险的态度趋势。我们在前文
界定，风险是人们在日常活动中，受自身和客观条件的限制，遭受各种
损失的大小及其可能性的综合，其直接表现是活动的实际结果与事前预
期结果的差异。偏好则是行为主体固有的对特定对象的喜好程度或者价
值的判断，是一种相对性的个体特质，表现形式为非理性的主观意识。
偏好作为人的一种个体属性或者习性，它无疑会影响人的行为动机和决
策行为。因此，在这里我们定义风险偏好是行为主体为了实现特定目标
而持有的对风险的基本态度，或者愿意承受的风险的大小，其本质是一
种行为主体的个体倾向。在实践中，不同的人对待风险的态度存在差
异，有的人喜欢接受"挑战"，敢于和勇于接受高风险选项，比较激
进；有的人天性谨慎，喜欢低风险"平稳"前行，比较保守。通常，前

一种人被称为风险追求者，后一种人被称为风险规避者，介于两者之间的人被称为风险中性者。相应的，这三种现象分别称为风险爱好、风险厌恶和风险中性。

（2）管理者风险偏好与企业投资风险

管理者作为企业最高管理当局，他们对企业的整个投资过程无疑具有最高的决策权。而管理者风险偏好作为管理者的个体特质，作为管理者行为的动机之一，必然影响企业的投资决策，从而与投资风险发生联系、产生影响。关于管理者风险偏好对投资风险的影响关系的研究，虽然已经引起了学者的关注，但是目前还处在初期的摸索阶段，亟待进一步发展和完善。

Roll（1986）针对公司兼并提出了狂妄自大假说，他指出，由于管理者风险偏好的存在，导致管理者过度乐观和过度自信，该假说也是最早的关于管理者非理性行为的研究。Moers 和 Peek（2000）用个体风险资产比例作为代理变量研究 CEO 风险偏好，结果发现，管理者风险偏好程度与风险资产比重的波动性正向相关。Heaton（2002）研究发现，由于管理者风险偏好程度高和过度乐观，相对于外部投资者，企业管理者对投资项目持更高的乐观态度，更容易高估企业价值。Parrino 等（2005）研究发现，风险厌恶型的管理者更倾向于低风险项目，风险爱好型的管理者更喜欢高风险项目。Abdel 等（2007）通过多种方法研究证明，管理者风险偏好程度越高，企业盈余的波动性越大，即管理者风险偏好与企业盈余管理正向相关。

（3）风险偏好计量

风险偏好的计量研究最早可以追溯到著名的预期效用模型（Expected Utility Model）。虽然该模型也预先假设行为主体是风险厌恶型的，但 Neumann 和 Morgenstern 指出，由于效用是行为主体风险偏好和决策事项收益的量化，因此行为主体对投资方案的评价直接取决于事项发生的概率，而且概率的效用是线性的，也就是说预期效用模型大大方便了对行为主体投资风险偏好的测度。之后，学者 Savage 在预期效用模型的基础上，用主观概率代替客观概率，提出了主观预期效用理论，从而使该模型体现了行为主体的个体差异。

1971 年，Arrow 直接提出用绝对风险厌恶系数（ARA）来计量风险偏好。他假设投资者有初始财富 w，然后设定一个公平的博弈 ε（ε 随机且服从正态分布）来测度投资者对风险的态度，即风险偏好程度。由 Jensen 不等式 $E\mu(w+\varepsilon) < \mu(E(w+\varepsilon)) = \mu(w)$ 可知，参加该公平博弈会导致投资者期望效用降低。如果付出风险金 π 可以避免投资者参加博弈，即有 $E\mu(w+\varepsilon) = \mu(w-\pi)$，则展开等式并整理可得：

$$\pi = \frac{1}{2}\operatorname{Var}\varepsilon\left[-\omega\frac{\mu''(\omega)}{\mu'(\omega)}\right] \tag{2.5}$$

式中：$-\omega\dfrac{\mu''(\omega)}{\mu'(\omega)}$——绝对风险厌恶系数（ARA）。

由上式可知，绝对风险厌恶系数越大，风险偏好程度越低。因此，绝对风险厌恶系数（ARA）刻画了投资者的风险偏好程度。

1964 年，Pratt 基于行为主体个人财富的多少，提出了相对风险厌恶系数（RRA）。其本质含义是行为主体愿意以个人财富总额的多大比例作为风险金来避免一个实际公平的博弈。其公式如下：

$$RRA = \omega \times ARA = -\omega\frac{\mu''(\omega)}{\mu'(\omega)} \tag{2.6}$$

Arrow-Pratt 曲线如图 2-2 所示。

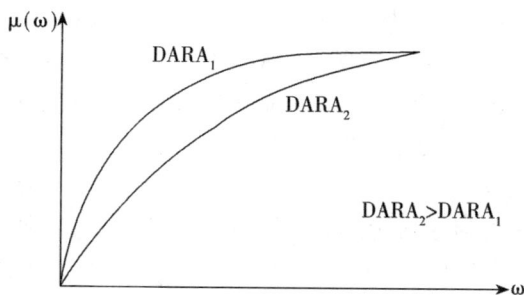

图 2-2 Arrow-Pratt 曲线

2000 年，学者 Matthew Rabin 在其论文——《风险回避和期望效用理论：一种度量法则》中，进一步肯定了人们普遍具有风险厌恶的基本特性。

1979 年，著名学者 Kahneman 和 Tversky 提出了考虑行为主体个体风险偏好的决策模型——期望理论模型，见式（2.7）。

$$V = \sum_{i=1}^{n} W(p_i)v(x_i) \tag{2.7}$$

$$v(x) = \begin{cases} x^{\beta}, x \geqslant 0 \\ -\theta(-x)^{\beta}, x < 0 \end{cases} \quad \beta \in [0,1], \theta > 1 \tag{2.8}$$

$$W^{+}(p) = W^{-}(p) = W(p) = \frac{p^{\varepsilon}}{[p^{\varepsilon} + (1-p)^{\varepsilon}]^{1/\varepsilon}} \quad [\varepsilon \in [0,1]] \tag{2.9}$$

式中： V ——期望价值；

$v(x)$ ——价值函数；

$W(p)$ ——权重函数；

x ——相对某个中性参照点的收益或损失；

θ ——厌恶系数；

$W^{+}(p)$ ——收益的权重；

$W^{-}(p)$ ——损失的权重。

期望理论的特征在于，它综合考虑到了财富终值的多少和财富相对于中性参照值的变化。它对行为主体风险偏好的贡献在于，S形的价值函数曲线，收益是上凸的，损失是下凹的，且凹凸两段曲线的变化都表现为敏感性递减，但是损失曲线比收益曲线更陡峭（见图2-3）。这表明相对收益，行为主体对损失更加敏感。

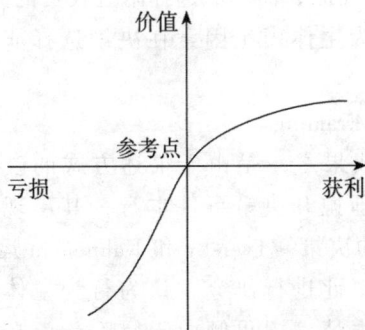

图2-3　期望理论价值函数曲线

1997年，学者Hsee和Weber基于实验经济学开发出了风险偏好量表，即通过设定的调查问卷计算风险偏好指数（Risk Preference Index,

RPI，取值为 1～16），以达到测度行为主体风险偏好的目的，RPI 越大，表明行为主体的风险偏好程度越大。风险偏好量表的出现为风险偏好的计量开辟了新的思路。

2.3.3 其他非理性行为

除了过度自信和风险偏好，还有一些特殊的非理性行为也引起了大家的注意，但是限于它们各自研究成果有限、影响较弱，以及本书的篇幅，因此本书不进行详细研究，这里只做简单介绍。

（1）心理账户（Mental Accounting）

人们根据资金的来源和用途等因素将资金按不同的类别看待，这种现象被称为心理账户，人们对不同的心理账户有不同的风险估计和承受能力。1980 年，芝加哥大学行为经济学家 Thaler 首次提出心理账户的概念，用于解释行为主体消费决策的"沉没成本效应"。Thaler 通过观察研究发现，等额的资金，由于来源不同、去向不同，因此人们的心理预期也不相同。他认为，"无论企业还是个人，都存在显性和隐性的账户系统，这些账户系统经常会对决策产生意想不到的影响"。在实际生活中，人们受自身非理性因素的局限，常常只关注一个心理账户，难以做到综合权衡，从而导致决策偏差。其中最典型的例子是，人们经常宁愿选择距离远的便宜商品，而不愿选择附近较贵的同一商品。因此，心理账户的本质是行为主体内生因素在决策选择非理性行为过程中的反映。

（2）框架效应（Framing）

实验经济学的成果之一是由于描述方式的改变而导致决策结果发生改变的现象，即抛开决策事件本身，其出现的方式也会影响决策者（行为主体）的决策。Tversky 和 Kahneman 运用 S 形的价值函数和非线性权重函数对此进行研究，认为行为主体之所以出现这种现象，是因为其在损失情境中更倾向于冒险，而在获益情境中更倾向于保守。人们在做决策时会受决策参考点的影响而出现框架依赖，对同一个问题可能因为事物的形式和表述方式（框架）不同而使决策出现偏差。

（3）羊群效应（Herd Effect）

羊群效应又称从众行为，是指处于群体中的个体，在不确定信息环境下，受彼此影响，最终导致个体做出相同或相似决策的非理性行为。社会心理学认为，群体中的个体有从众心理，其本质是一种行为传染。经济学中经常用"羊群效应"来描述经济个体的从众跟风心理。

（4）锚定效应（Anchoring Effect）

1974 年，心理学家 Kahneman 和 Tversky 做了一个实验，指出当人估计事件时，常常将最先获得的某个特定值作为初始值，然后以此为参照调整得到估计值，即最初获得的信息（所谓的"锚"）制约着人们对事件的估计，并最终导致估计与真实情况的差异。

还有一些非理性行为，如处置效应、后悔厌恶、禀赋效应、损失规避、囚徒困境等，目前还处于概念建立阶段，在具体的理论研究和实证研究层面，学者各持己见，没有达成共识。

2.4 国内外文献综述小结

本章系统回顾、梳理了以企业投资风险和非理性行为两大研究主题为主线的已有相关文献，主要完成了下面两项工作：

第一，抛开了人的非理性因素的影响，立足于传统经济学理性假设，以时间发生的先后次序为顺序，分阶段梳理风险、企业投资风险的研究成果，评述其计量与评价方法，探讨其发展特征与规律，并概述了其优点与缺点，为构建基于全面风险管理思想的企业投资风险评价模型完成了理论准备。

第二，以行为科学为出发点，按时间顺序，进行理性与非理性、理性行为与非理性行为的比较研究，重点关注对有关过度自信与风险偏好两种非理性行为的计量研究文献的梳理，并进行定性评价，为本书的研究重点——管理者非理性特征与投资风险影响关系研究奠定了基础。

3 理性假设下企业投资风险评价模型研究

3.1 研究基础

"理性经济人"假设作为传统经济学研究的理论基石,至今仍在社会学、经济学、管理学等研究领域得到广泛认可。本章也以"理性经济人"假设为理论基础,假设管理者是理性的、统一的、无差别的"经济人",他们的行为动机都是自利的,目的是追求自身利益最大化。

3.1.1 研究问题

投资是现代社会最基本的经济活动之一,虽然人们投资的出发点都是获得更多的收益,但是风险无处不在,投资在任何时候都可能面临失败的风险。诚然,成功的投资能为投资者带来收益,为社会创造财富,而失败的投资不仅会给投资者带来损失,还会造成社会资源的巨大浪费。因此,如何在获取投资收益的同时降低投资风险,已经引起了越来越多人的关注。我国是当今世界公认的"制造业大国",经过改革开放30多年的发展,外汇储备排名居世界第一位,已经完成生产技术和管理水平的升级改造,国内产品呈现明显的买方市场,目前面临的主要问题是产业结构调整,一些产能不可避免地要走出国门,这也是国际经济一体化的大趋势。但是,我国当代的企业和企业家都没有任何"走出去"的经验,都未经历经济危机的洗礼,普遍缺乏对投资风险的深刻认识。如何在对外大规模投资的时候认识风险、降低风险、管理风险和掌控风险,显得尤其重要。

现有的企业投资风险评价研究普遍缺乏系统的观念及全面风险管理的思想，或者偏重某一领域，或者方法相对单一，难以满足目前全球金融危机背景下，复杂多变的企业投资风险管理需要。当前的风险研究更多地集中在风险投资、项目投资、高新技术投资等领域，其指标的选取带有明显的行业、专业特征，难以做到对投资风险的全面评价。层次分析法、模糊数学法、灰色评价法和人工神经网络技术等当前主流的投资风险评价方法，或直接源自专家的主观经验，或直接源自历史数据，都难以做到优点兼顾、优势互补。《巴塞尔协议》作为目前认可度较高的风险管理文献，其原则性规定并不适合企业投资风险的量化综合评价，而传统的均值方差、资本资产定价模型、套利定价理论等定量研究方法，因为过于简单、影响因素单一等局限性，也不能满足当前多因素风险评价的需要，不适合当前的风险评价。

因此，针对实体经济，探索科学、有效的投资风险评价方法，不仅能完善风险理论研究，而且能提高投资决策的科学性，实践意义重大。

3.1.2 研究思路

为了最大限度地避免现有投资风险研究的不足，更加客观、准确地评价企业投资风险，方便管理者的战略投资决策，我们确定现代风险管理理论的前沿成果——全面风险管理思想为本书研究的理论基础。在分析企业投资活动过程的基础上，从宏观（系统）和微观（非系统）两个维度综合考虑，筛选出自然、政治、经济、行业、技术、市场、财务、管理等影响因素，建立包含 23 个指标的企业投资风险综合评价体系。为了进一步提高评价的科学性，弥补评价指标单一赋权方法的缺陷，兼顾主观和客观两种赋权方法的优点，使赋权既具有专家的经验智慧，又能反映客观条件的新变化，本章按照主、客观相结合的思想，综合运用主观赋权的 G1 法和客观赋权的变异系数法两种方法，实行组合赋权，构建基于动态组合赋权的企业投资风险评价模型，并利用该模型进行实证研究，对中国 2001—2008 年家电行业的投资风险做出全面分析和评价。

3.2 构建企业投资风险评价指标体系

3.2.1 准则层选取

企业追求价值增加的诉求，构成了筹建、经营、收益及收益分配的投资活动周期。在投资周期内，受诸多不确定因素的干扰，企业随时承受着不能实现预期目标的威胁，即风险伴随投资活动的始终。根据投资活动风险的来源不同，风险一般分为两大类：一是系统风险，是指投资活动所处的宏观经济环境及其变化施加给投资活动所产生的外生风险，主要包括自然、政治、经济、行业等方面的内容，又称宏观风险；二是非系统风险，是指投资活动自身的不确定性引起的内生风险，包括技术、财务、市场和经营管理等方面的内容，又称微观风险。在充分考虑企业投资内外部环境诸多影响因素的基础上，在管理者理性假设前提下，参考相关投资风险评价研究的代表性文献，本书选定以下企业投资风险准则层和子准则层（见表 3-1 列（1）、列（2）、列（4））。

（1）市场风险

市场风险是指产品市场供应与需求变化引起销量与价格变动，而给企业带来的风险。

（2）管理风险

管理风险是指企业管理者及员工的素质、能力不能胜任本职工作，对企业资源掌控、调控不合理而产生的风险。

（3）财务风险

财务风险是指由于举债经营、资金使用不当等原因，使企业实际收益与预期收益发生偏离而产生的风险。

（4）技术风险

技术风险是指投资技术的成熟性、先进性以及后续发展能力等的不确定性隐含的风险。

（5）经济风险

经济风险是指全球和地区宏观经济形势（如经济危机、通货膨胀、利率变化等）隐含的风险。

表 3-1　　　　　　企业投资风险评价指标体系

准则层 （1）	子准则层 （2）	指标层 （3）	准则层 参考文献 （4）	指标层 选择依据 （5）
X1 非系统风险	X11 市场风险	X111 营业收入净利润率	[1]、[2]、[3]、 [4]、[6]、[7]	市场质量
		X112 产品出口收入占比		市场宽度
		X113 股票价格		发展预期
	X12 管理风险	X121 中专以上职工占比	[1]、[3]、[4]、 [6]、[7]	员工素质
		X122 应收账款周转率		管理能力
		X123 经营杠杆系数		经营水平
		X124 净资产收益率		综合能力
		X125 盈余现金保障倍数		资产质量
	X13 财务风险	X131 资产负债率	[1]、[3]、[4]	资本结构
		X132 利息保障倍数		财务质量
	X14 技术风险	X141 专利授权	[1]、[2]、[3]、 [4]、[6]、[7]	技术准入
		X142 工业产权及技术投入		技术发展
X2 系统风险	X21 经济风险	X211BDI 指数	[2]、[3]、[4]、 [6]、[7]	经济波动
		X212GDP 增长率		经济发展
		X213 通货膨胀率		发展质量
		X214 贷款利率		资本环境
		X215 美元汇率		外销竞争
		X216 生产者价格指数		生产成本
	X22 政治风险	X221 法院刑事案件收案数	[3]、[6]、[7]	制度建设
		X222 公共安全感		社会安全
	X23 行业风险	X231 行业销售收入	[4]	行业发展
		X232 行业 GDP 贡献率		行业地位
	X24 自然风险	X241 自然灾害损失	[4]	灾害水平

（6）政治风险

政治风险是指东道国（地区）的安全、政策、法规、罢工、制裁、战争等变化和突发事件等给企业投资带来的风险，这是企业不得不考虑的风险隐患。

（7）行业风险

行业风险是指行业发展阶段、态势，以及企业的规模、行业地位等的不确定性隐含的风险。

（8）自然风险

自然风险是指地震、洪水、火山爆发等自然灾害给企业带来的风险，这是所有投资活动面临的第一道风险。

3.2.2　企业投资风险评价指标体系

风险计量是风险评价的基础，指标选取则直接关系风险计量的质量。本书以风险因素识别的八个子准则层为基础，本着代表性、系统性、有效性的原则，考虑指标数据的易得性和可比性，注重指标纵向与横向、数量与质量的结合，选取具体代理变量，构建企业投资风险评价指标体系（见图 3-1）。每个指标的含义及计算方法见表 3-2。

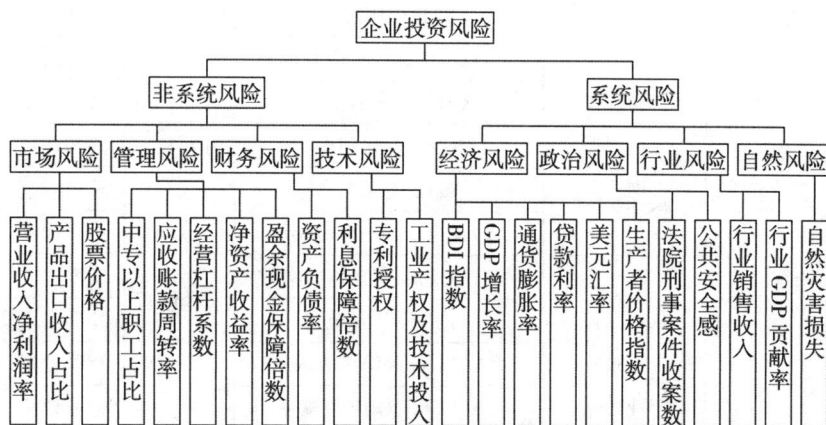

图 3-1　企业投资风险评价指标体系

表 3-2　　　　　企业投资风险评价指标的含义及计算方法

指标名称	指标方向	计算公式	指标含义
（1）	（2）	（3）	（4）
营业收入净利润率	反	净利润/营业收入×100%	市场质量
产品出口收入占比	正	出口销售收入/销售收入×100%	市场宽度
股票价格	反	股票收盘价	发展预期
中专以上职工占比	反	中专以上员工数量/职工总数×100%	员工素质
应收账款周转率	反	销售收入/平均应收账款	管理能力
经营杠杆系数	正	（息税前利润+固定成本）/息税前利润	经营水平
净资产收益率	反	净利润/净资产×100%	综合能力
盈余现金保障倍数	反	经营现金净流量/净利润	资产质量
资产负债率	正	负债总额/资产总额×100%	资本结构
利息保障倍数	反	息税前利润/利息费用	财务质量
专利授权	反	专利数量	技术准入
工业产权及技术投入	反	研发经费	技术发展
BDI 指数	反	波罗的海综合运费指数	经济波动
GDP 增长率	反	（本期 GDP-上期 GDP）/上期 GDP	经济发展
通货膨胀率	正	（现期物价水平-基期物价水平）/基期物价水平	发展质量
贷款利率	正	一年期贷款基准利率	资本环境
美元汇率	反	（年初汇率+年末汇率）/2	外销竞争
生产者价格指数	反	某一时期生产领域产品价格的变动	生产成本
法院刑事案件收案数	反	法院收案总数量	制度建设
公共安全感	正	公共安全指数	社会安全
行业销售收入	反	行业各企业销售收入之和	行业发展
行业 GDP 贡献率	反	行业销售收入/全国 GDP	行业地位
自然灾害损失	正	国家自然灾害损失总金额	灾害水平

注："正"表示指标为正向指标，即指标值越大，风险越大，两者呈正向变化关系；"反"表示指标为反向指标，与正向指标的意思相反。

3.3 建立组合赋权的企业投资风险评价模型

3.3.1 指标数据的无量纲化处理

为了方便指标的比较和计算，本书借用数学分段函数的思想，实现指标原始数据的无量纲化处理。

（1）正向指标的无量纲化

正向指标数值越大，则投资风险越大，即正向指标与投资风险同向变化。具体公式如下：

$$P_i = \frac{A_i - \min A}{\max A - \min A} \qquad (3.1)$$

式中：maxA——指标 A 的极大值；

minA——指标 A 的极小值；

A_i——指标 A 的第 i 个具体数值；

P_i——A_i 的无量纲化值。

式（3.1）的经济学含义：P_i 的本质是相对距离，即指标 A 的第 i 个数值 A_i 与指标最小值的偏差，同指标最大值与最小值之间偏差的相对距离。相对距离越大，则 A_i 的无量纲化值 P_i 越大，风险也越大。

（2）反向指标的无量纲化

反向指标数值越大，则投资风险越小，即反向指标与投资风险反向变化。具体公式如下：

$$P_i = \frac{\max A - A_i}{\max A - \min A} \qquad (3.2)$$

式中：maxA——指标 A 的极大值；

minA——指标 A 的极小值；

A_i——指标 A 的第 i 个具体数值；

P_i——A_i 的无量纲化值。

式（3.2）与式（3.1）有相同的经济学含义。

3.3.2 指标组合赋权

主观赋权集中体现了专家的经验智慧，但是经验是对过去事件的事后认识，一旦确定就很少变动，虽然比较成熟但客观性较差。客观赋权虽然缺少专家经验知识，但是指标权重与指标数值相互联系，具有动态反映的特性。本书采用 G1 法和变异系数法相结合的组合赋权方法，兼有主客观赋权的优点。

（1）G1 法主观赋权

G1 法是我国学者郭亚军近期提出的一种新的主观赋权方法，通过对评价指标重要性的排序以及相邻指标间重要程度的估计，确定指标权重。它是对层次分析法（AHP）的改进，克服了层次分析法计算量大、计算复杂以及需要一致性检验等缺点。

G1 法的具体步骤如下：

①专家确定评价指标的序关系

$X_1 > X_2 > \cdots > X_k$ $k = 1, 2, \cdots, m$

"＞"的经济学含义为其左边的指标比右边的指标重要。

②专家给出序关系中相邻指标的相对重要程度 r_k 的理性赋值

$r_k = \omega^s_{k-1}/\omega^s_k$ $k = m, m-1, \cdots, 3, 2$

③计算评价指标的 G1 法权重

$$\omega^s_m = \left(1 + \sum_{k=2}^{m} \prod_{i=k}^{m} r_i\right)^{-1} \tag{3.3}$$

$$\omega^s_{k-1} = r_k \omega^s_k \tag{3.4}$$

式中：ω^s_m ——第 m 个评价指标的 G1 法权重；

ω^s_{k-1} ——第 k-1 个评价指标的 G1 法权重；

ω^s_k ——第 k 个评价指标的 G1 法权重。

G1 法的主要特点和思想是通过专家主观的指标排序，对重要的指标给予较大的权重。

（2）变异系数法客观赋权

变异系数法是一种直接对指标数据进行数学处理，以求取指标权重的客观赋权方法。它的特点是充分考虑了指标数据的相对变化幅度，实现了指标的动态赋权，大大降低了主观因素的干扰。

变异系数法赋权的步骤如下：

①计算评价指标的变异系数

$$V_k = \sigma_k / \bar{X}_k \quad k=1, 2, \cdots, m \tag{3.5}$$

式中：V_k——第 k 个指标的变异系数；

σ_k——第 k 个指标的标准差；

$\bar{X}_k$——第 k 个指标的算术平均值。

②计算评价指标的变异系数法权重

$$\omega_k^o = \frac{V_k}{\sum\limits_{k=1}^{m} V_k} \quad k=1, 2, \cdots, m \tag{3.6}$$

式中：ω_k^o——第 k 个指标的变异系数法权重。

（3）组合赋权

定义指标的组合权重为两种赋权法权重的线性组合。

$$\omega_k^{so} = \beta\omega_k^s + (1-\beta)\omega_k^o \quad k=1, 2, \cdots, m \tag{3.7}$$

式中：β——G1 法主观权重占组合权重的比例；

ω_k^{so}——第 k 个指标的组合权重。

运用数学优化问题求解得出 β 最优值，实现两种赋权的最佳组合，即以"组合权重与 G1 法权重之间的偏差"和"组合权重与变异系数法权重之间的偏差"的平方和最小为目标建立目标函数。

$$\min y = \sum_{k=1}^{m}\left[\left(\omega_k^{so} - \omega_k^s\right)^2 + \left(\omega_k^{so} - \omega_k^o\right)^2\right] \tag{3.8}$$

将式（3.7）带入式（3.8），然后关于 β 求导，并令一阶导数为零，解方程得 β 最优解为 0.5。因此，第 k 个指标的最佳组合权重为：

$$\omega_k^{so} = 0.5\omega_k^s + 0.5\omega_k^o \tag{3.9}$$

式（3.9）的经济学含义：指标组合权重的最佳结构是主观权重和客观权重各占 50%。如果实际计算的组合权重与其主、客观权重相等，说明主、客观对指标的重要性认知相同；反之，则说明组合权重是对主、客观权重信息的综合。

3.3.3　基于组合赋权的企业投资风险评价模型

（1）定义数学评价函数

借用数学函数的思想，定义"企业投资风险"为因变量、"风险指标"为自变量，多指标综合评价问题就转化为利用一定的数学模型将多个评价指标值"合成"为一个整体的综合评价问题。令指标（X111，X112，…，X241）为 P=（p_1, p_2, …, p_m）T，其中，向量 p_i=（p_{i1}, p_{i2}, …, p_{ij}），$1 \leq i \leq j$，为第 i 个指标从第 1 年到第 j 年的向量值，则函数的指标值矩阵可表示为：

$$\begin{pmatrix} p_{11} & p_{12} & \cdots & p_{1j} \\ p_{21} & p_{22} & \cdots & p_{2j} \\ \cdots & \cdots & \cdots & \cdots \\ p_{m1} & p_{m2} & \cdots & p_{mj} \end{pmatrix}$$

令自变量系数（指标权重）向量为 $\omega_k^{so} = (\omega_1, \omega_2, \cdots, \omega_m)$，则可以构建第 i 年的企业投资风险综合评价函数：

$$P_i = f(\omega_k^{so}, p_{1i}, ..., p_{mi}) \quad 1 \leq i \leq j \tag{3.10}$$

（2）建立企业投资风险评价模型

根据企业风险评价指标间相互独立、权重与指标相互对应等特征，以及线性函数自变量系数对因变量的明显作用、因变量之间的线性补偿作用，构建关于"企业投资风险"和"风险指标"的企业投资风险评价模型（又称线性加权综合评价公式）。

$$P_i = \omega_1^{so} p_{1i} + \omega_2^{so} p_{2i} + \cdots + \omega_m^{so} p_{mi}$$
$$= \sum_{k=1}^{m} p_{ki} \omega_k^{so} \tag{3.11}$$

式中：P_i——第 i 个系统（年）的风险综合评价得分，取值范围为
[0，1]，且 P_i 越大，风险越大；

　　　　P_{ki}——第 i 个系统（年）第 k 个评价指标的规范化得分；

　　　　ω_k^{so}——第 k 个评价指标的组合权重。

式（3.11）的经济学含义：某一系统投资风险的大小等于该系统各风险因素及其重要程度的乘积之和，即指标及其权重的乘积之和。

3.4 中国 2001—2008 年家电行业投资风险评价实证研究

3.4.1 样本选取

为方便投资风险的比较和分析，并考虑原始数据的准确性和易得性，结合中国企业的发展状况，本章选取相对成熟的家电企业群体作为样本，时间为 2001—2008 年，进行家电行业整体投资风险评价的实证研究。

系统风险类原始数据直接来源于《中国统计年鉴 2001—2008》和《中华人民共和国 2001—2008 年国民经济和社会发展统计公报》；非系统风险类原始数据则取自"中国经济研究中心（CCER）数据库"，根据全球行业分类标准（GICS），选取分类号 252010"家庭耐用消费品"，进行实证研究。

首先从 CCER 数据库下载家电行业全部上市公司数据，然后删除数据不全的公司，最后筛选出符合要求的 15 家公司，并对 15 家公司的数据取平均值，得到样本原始数据（见表 3-3）。

3.4.2 基于组合赋权的中国家电行业投资风险评价

（1）原始数据的无量纲化

①指标"营业收入净利润率"原始数据的无量纲化

在表 3-3 中，指标"营业收入净利润率"的原始数据为：

-1.37　1.31　1.72　-1.67　-1.51　1.86　2.38　2.60

由数据分析很容易知道，指标极大值（maxA）为 2.60，极小值（minA）为 -1.67；又由表 3-2 可知，指标"营业收入净利润率"是反向指标。因此，把 2.6 和 -1.67 代入反向指标无量纲化公式（3.2），可得指标"营业收入净利润率"的无量纲化值计算公式为：

$$P_i = \frac{2.60 - A_i}{2.60 - (-1.67)} = \frac{2.60 - A_i}{4.27} \tag{3.12}$$

表 3-3　　　　　　　　　　样本原始数据

准则层 (1)	子准则层 (2)	指标层 (3)	2001—2008年家电行业指标原始数据							
			2001 (4)	2002 (5)	2003 (6)	2004 (7)	2005 (8)	2006 (9)	2007 (10)	2008 (11)
非系统风险	市场风险	营业收入净利润率	-1.37	1.31	1.72	-1.67	-1.51	1.86	2.38	2.60
		产品出口收入占比	12.55	19.75	20.08	22.62	25.23	25.66	24.54	24.41
		股票价格	7.41	5.33	4.30	3.55	2.85	3.38	8.47	8.97
	管理风险	中专以上职工占比	20.42	21.66	21.50	28.50	30.59	32.15	32.90	36.80
		应收账款周转率	6.69	6.99	7.96	9.14	10.45	11.74	13.02	17.14
		经营杠杆系数	-46.51	17.12	11.23	-10.91	-16.65	10.55	7.97	6.04
		净资产收益率	-1.98	2.16	3.42	-4.05	-4.32	6.08	7.71	10.26
		盈余现金保障倍数	-5.05	1.42	1.84	-2.14	-2.15	2.49	1.84	1.73
	财务风险	资产负债率	45.04	46.82	51.27	55.69	55.57	58.75	61.62	62.10
		利息保障倍数	-0.19	4.21	6.37	-2.11	-0.61	4.34	4.88	5.43
	技术风险	专利授权	52	98	418	835	1140	1692	1510	1558
		工业产权及技术投入	17.27	30.33	3.24	2.54	7.26	161.3	46.19	18.23
系统风险	经济风险	BDI 指数	1 273	1 296	3 163	3 435	3 435	3 565	3 425	5 325
		GDP 增长率	8.3	9.1	10.0	10.1	10.4	11.6	13.0	9.0
		通货膨胀率	0.7	-0.8	1.2	3.9	1.8	1.5	4.8	5.9
		贷款利率	5.94	5.72	5.49	5.63	5.76	6.03	6.93	6.62
		美元汇率	827.7	827.7	827.7	827.68	819.17	797.18	760.40	694.5
		生产者价格指数	98.7	97.8	102.3	106.1	104.9	103.0	103.1	106.9
	政治风险	法院刑事案件收案数	53 591	42 863	39 464	34 142	29 396	23 914	19 321	16 546
		公共安全感	81.4	84.1	91.2	90.9	91.9	92.0	93.3	88.0
	行业风险	行业销售收入	638	723	893	1 045	1 154	1 302	1 409	1 981
		行业 GDP 贡献率	59.0	60.7	66.1	65.5	62.7	61.1	69.0	65.4
	自然风险	自然灾害损失	774	957	1 482	820	2 058	1 543	1 746	9 777

将该指标的原始数据（-1.37，1.31，1.72，-1.67，-1.51，1.86，2.38，2.60）依次分别代入式（3.12），可得对应的无量纲化值集合（0.9297，0.3021，0.2061，1.0000，0.9625，0.1733，0.0515，0.0000）。

②其他指标原始数据的无量纲化

同理，分别选用相应的正向或反向指标规范化处理公式（3.1）或（3.2），计算可得其他 22 个指标的无量纲化值（见表 3-4）。

表 3-4   指标无量纲化值

准则层	子准则层	指标层	2001—2008 年家电行业指标无量纲化值							
			2001	2002	2003	2004	2005	2006	2007	2008
(1)	(2)	(3)	(4)	(5)	(6)	(7)	(8)	(9)	(10)	(11)
非系统风险	市场风险	营业收入净利润率	0.9297	0.3021	0.2061	1.0000	0.9625	0.1733	0.0515	0.0000
		产品出口收入占比	0.0000	0.5492	0.5744	0.7681	0.9672	1.0000	0.9146	0.9047
		股票价格	0.2549	0.5948	0.7631	0.8856	1.0000	0.9134	0.0817	0.0000
	管理风险	中专以上职工占比	1.0000	0.9243	0.9341	0.5067	0.3791	0.2839	0.2381	0.0000
		应收账款周转率	1.0000	0.9713	0.8785	0.7656	0.6402	0.5167	0.3943	0.0000
		经营杠杆系数	0.0000	1.0000	0.9074	0.5595	0.4693	0.8967	0.8562	0.8259
		净资产收益率	0.8395	0.5556	0.4691	0.9815	1.0000	0.2867	0.1749	0.0000
		盈余现金保障倍数	1.0000	0.1419	0.0862	0.6141	0.6154	0.0000	0.0862	0.1008
	财务风险	资产负债率	0.0000	0.1038	0.3648	0.6240	0.6170	0.8035	0.9718	1.0000
		利息保障倍数	0.7736	0.2547	0.0000	1.0000	0.8231	0.2394	0.1757	0.1108
	技术风险	专利授权	1.0000	0.9720	0.7768	0.5226	0.3366	0.0000	0.1110	0.0817
		工业产权及技术投入	0.9072	0.8250	0.9956	1.0000	0.9703	0.0000	0.7251	0.9012
系统风险	经济风险	BDI 指数	1.0000	0.9943	0.5336	0.4664	0.4664	0.4344	0.4689	0.0000
		GDP 增长率	1.0000	0.8298	0.6383	0.6170	0.5532	0.2979	0.0000	0.8511
		通货膨胀率	0.2239	0.0000	0.2985	0.7015	0.3881	0.3433	0.8358	1.0000
		贷款利率	0.3125	0.1597	0.0000	0.0972	0.1875	0.3750	1.0000	0.7847
		美元汇率	0.0000	0.0000	0.0000	0.0002	0.0640	0.2291	0.5053	1.0000
		生产者价格指数	0.9011	1.0000	0.5055	0.0879	0.2198	0.4286	0.4176	0.0000
	政治风险	法院刑事案件收案数	0.0000	0.2896	0.3813	0.5250	0.6531	0.8011	0.9251	1.0000
		公共安全感	0.0000	0.2269	0.8235	0.7983	0.8824	0.8908	1.0000	0.5546
	行业风险	行业销售收入	1.0000	0.9367	0.8101	0.6969	0.6158	0.5056	0.4259	0.0000
		行业 GDP 贡献率	1.0000	0.8300	0.2900	0.3500	0.6300	0.7900	0.0000	0.3600
	自然风险	自然灾害损失	0.0000	0.0203	0.0786	0.0051	0.1426	0.0854	0.1080	1.0000

（2）G1 法分层赋权指标权重计算

为了保证本书 G1 法赋权的质量，我们以调查问卷的形式，邀请 10 位专家（包括 3 位分属不同公司的在职总经理、3 位分属不同会计师事务所的注册会计师、4 位分属不同高校的财务专家），对指标进行分层排序和打分，然后取其平均值完成本书的 G1 法赋权。

具体计算过程如下：

①准则层 G1 法权重

综合专家意见，确定非系统风险、系统风险两个准则层的序关系和理性赋值：

$X1 > X2$

$r_2 = X1/X2 = 1.2$

将 $r_2 = 1.2$ 代入式（3.3），计算准则层 G1 法权重：

$$\omega_2 = \left(1 + \sum_{k=2}^{2}\prod_{i=k}^{2}r_i\right)^{-1} = 0.4545$$

把 $\omega_2 = 0.4545$ 代入式（3.4），则准则层 X1 的 G1 法权重为：

$\omega_1 = r_2\omega_2 = 0.5455$

②子准则层 G1 法权重

综合专家意见，确定 X1 非系统风险准则层下四个子准则层 X11 市场风险、X12 管理风险、X13 财务风险、X14 技术风险的序关系和理性赋值：

$X11 > X12 > X13 > X14$

$X11/X12 = 1.1$

$X12/X13 = 1.3$

$X13/X14 = 1.1$

将理性赋值代入式（3.3），计算子准则层 X14 的 G1 法权重，然后代入式（3.4），可得 X1 准则层下全部四个子准则层的 G1 法权重向量：

$\left(\omega_{11}, \omega_{12}, \omega_{13}, \omega_{14}\right) = (0.3082, 0.2802, 0.2156, 0.1960)$

同理，依据专家意见，确定 X2 系统风险准则层下子准则层 X21 经济风险、X22 政治风险、X23 行业风险、X24 自然风险的序关系和理性赋值：

$X21 > X22 > X23 > X24$ ；

$X21/X22 = 1.4$

$X22/X23 = 1.2$

$X23/X24 = 1.1$

得到 X2 准则层下全部四个子准则层的 G1 法权重向量：

$\left(\omega_{21}, \omega_{22}, \omega_{23}, \omega_{24}\right) = (0.3508, 0.2506, 0.2088, 0.1898)$

③指标层 G1 法权重

综合专家意见，指标层的序关系为：每个子准则层下的指标层从左至右依次由先到后，即靠左的指标依次优先于靠右的指标（如图 3.1 所示）。其理性赋值为：

X11：X111/X112=1.4

　　　X112/X113=1.3

X12：X121/X122=1.3

　　　X122/X123=1.1

　　　X123/X124=1.1

　　　X124/X125=1.2

X13：X131/X132=1.4

X14：X141/X142=1.2

X21：X211/X212=1.5

　　　X212/X213=1.3

　　　X213/X214=1.1

　　　X214/X215=1.1

　　　X215/X216=1.4

X22：X221/X222=1.3

X23：X231/X232=1.1

与子准则层 G1 法赋权同理，分别可得全部八个子准则层下各指标层的 G1 法权重向量：

$$(\omega_{111},\omega_{112},\omega_{113}) = (0.4418, 0.3155, 0.2427)$$

$$(\omega_{121},\omega_{122},\omega_{123},\omega_{124},\omega_{125}) = (0.2752, 0.2117, 0.1924, 0.1749, 0.1458)$$

$$(\omega_{131},\omega_{132}) = (0.5833, 0.4167)$$

$$(\omega_{141},\omega_{142}) = (0.5455, 0.4545)$$

$$(\omega_{211},\omega_{212},\omega_{213},\omega_{214},\omega_{215},\omega_{216}) = (0.2965, 0.1977, 0.1521, 0.1382, 0.1257, 0.0898)$$

$$(\omega_{221},\omega_{222}) = (0.5652, 0.4348)$$

$$(\omega_{231},\omega_{232}) = (0.5238, 0.4762)$$

$$(\omega_{241}) = (1.0000)$$

④指标层对目标层的 G1 法权重

根据①②③的计算结果，将指标 X111 对 X11、X11 对 X1、X1 对目标层三个权重依次相乘，可得指标"X111营业收入净利润率"对目标"家电行业投资风险"G1法权重：

$$\omega_{111}^* = 0.4418 \times 0.3082 \times 0.5455 = 0.0743$$

同理，可得其他22个指标对目标"家电行业投资风险"的G1法权重（见表3-5的列（4））。

表 3-5　　　　　　　　　　　家电行业指标赋权

准则层	子准则层	指标层	G1 法权重	变异系数	变异系数法权重	组合赋权权重	子准则层组合权重	准则层组合权重
(1)	(2)	(3)	(4)	(5)	(6)	(7)	(8)	(9)
非系统风险	市场风险	营业收入净利润率	0.0743	0.8945	0.0535	0.0639	0.1438	0.5104
		产品出口收入占比	0.0530	0.4404	0.0264	0.0397		
		股票价格	0.0408	0.6609	0.0396	0.0402		
	管理风险	中专以上职工占比	0.0421	0.6595	0.0395	0.0408	0.1746	
		应收账款周转率	0.0324	0.4887	0.0292	0.0308		
		经营杠杆系数	0.0294	0.4512	0.0270	0.0282		
		净资产收益率	0.0267	0.6535	0.0391	0.0329		
		盈余现金保障倍数	0.0223	1.0296	0.0616	0.0419		
	财务风险	资产负债率	0.0686	0.6274	0.0375	0.0531	0.1029	
		利息保障倍数	0.0490	0.8439	0.0505	0.0498		
	技术风险	专利授权	0.0583	0.7973	0.0477	0.0530	0.0891	
		工业产权及技术投入	0.0486	0.3936	0.0236	0.0361		
系统风险	经济风险	BDI 指数	0.0473	0.5562	0.0333	0.0403	0.2258	0.4898
		GDP 增长率	0.0315	0.5052	0.0302	0.0309		
		通货膨胀率	0.0243	0.6681	0.0400	0.0321		
		贷款利率	0.0220	0.8997	0.0538	0.0379		
		美元汇率	0.0200	1.4981	0.0897	0.0549		
		生产者价格指数	0.0143	0.7524	0.0450	0.0297		
	政治风险	法院刑事案件收案数	0.0644	0.5572	0.0333	0.0488	0.0891	
		公共安全感	0.0495	0.5175	0.0310	0.0403		
	行业风险	行业销售收入	0.0497	0.4815	0.0288	0.0393	0.0796	
		行业 GDP 贡献率	0.0452	0.5909	0.0354	0.0403		
	自然风险	自然灾害损失	0.0863	1.7421	0.1043	0.0953	0.0953	

（3）变异系数法赋权指标权重计算

①指标变异系数

依据指标"X111 营业收入净利润率"的全部无量纲化值，可得其算术平均值 $\bar{X}_{111} = 0.4532$ 和标准差 $\sigma_{111} = 0.4054$。将它们代入式（3.5），计算指标 X111 的变异系数：

$$V_{111} = \sigma_{111}/\bar{X}_{111} = 0.4054 \div 0.4532 = 0.8945$$

同理，可得其他 22 个指标的变异系数（见表 3-5 的列（5））。

②变异系数法权重

将 V_{111}=0.8945 和所有 23 个指标变异系数之和 $\sum\limits_{k=1}^{m} V_k = 16.7094$ 代入式（3.6），可得指标"X111 营业收入净利润率"的变异系数法权重为：

$$\omega_{111}^{\circ} = \frac{V_{111}}{\sum\limits_{k=1}^{m} V_k} = \frac{0.8945}{16.7094} = 0.0535$$

同理，可得其他 22 个指标的变异系数法权重（见表 3-5 的列（6））。

（4）组合赋权权重

将 $\omega_{111}^{s} = 0.0743$ 与 $\omega_{111}^{\circ} = 0.0535$ 代入式（3.9），计算指标"X111 营业收入净利润率"的组合赋权权重为：

$$\omega_{111}^{so} = 0.5\omega_{111}^{s} + 0.5\omega_{111}^{\circ} = 0.0639$$

同理，可得其他 22 个指标的组合赋权权重（见表 3-5 的列（7））。

子准则层组合权重为各自所包含指标组合权重之和（见表 3-5 的列（8））。

准则层组合权重为各自所包含指标组合权重之和（见表 3-5 的列（9））。

3.4.3 中国家电行业 2001—2008 年投资风险状况分析

（1）风险评价得分

结合表 3-4 与表 3-5，将非系统风险 X1 所包含的 12 个指标

（X111 至 X142）2001 年的无量纲化值，及其对应的组合赋权权重，带入式（3.11），可得家电行业 2001 年非系统风险的评价得分。

$$P_1 = \sum_{k=1}^{12} p_{k1}\omega_k^{so} = 0.9297 \times 0.0639 + 0.0000 \times 0.0397 + \cdots + 0.9072 \times 0.0361 = 0.3350$$

同理可得系统风险、市场风险、管理风险等其他准则层各年度的评价得分（见表 3-6）。

表 3-6　中国 2001—2008 年家电行业投资风险评价得分

序号	不同准则层	年份								算术平均值
		2001	2002	2003	2004	2005	2006	2007	2008	
（1）	（2）	（3）	（4）	（5）	（6）	（7）	（8）	（9）	（10）	（11）
1	非系统风险	0.3350	0.2846	0.2729	0.3948	0.3738	0.2043	0.1907	0.1589	0.2402
2	系统风险	0.1966	0.1969	0.1686	0.1665	0.1961	0.2121	0.2362	0.3240	0.2121
3	市场风险	0.0697	0.0650	0.0667	0.1300	0.1401	0.0875	0.0429	0.0359	0.0797
4	管理风险	0.1411	0.1201	0.1098	0.1181	0.1071	0.0622	0.0554	0.0275	0.0927
5	财务风险	0.0385	0.0182	0.0194	0.0829	0.0738	0.0546	0.0604	0.0586	0.0508
6	技术风险	0.0857	0.0813	0.0771	0.0638	0.0529	0.0000	0.0321	0.0369	0.0537
7	经济风险	0.1170	0.1015	0.0658	0.0667	0.0655	0.0773	0.1238	0.1430	0.0951
8	政治风险	0.0000	0.0233	0.0518	0.0578	0.0674	0.0750	0.0854	0.0712	0.0540
9	行业风险	0.0796	0.0703	0.0435	0.0415	0.0496	0.0517	0.0167	0.0145	0.0459
10	自然风险	0.0000	0.0019	0.0075	0.0005	0.0136	0.0081	0.0103	0.0953	0.0172
11	综合风险	0.5316	0.4815	0.4416	0.5612	0.5699	0.4164	0.4269	0.4829	0.4890

注：表中数据的逻辑关系用序号表示为：1+2=11，3+4+5+6=1，7+8+9+10=2。

同理，将表 3-4 的列（4）、（5）、（6）、（7）、（8）、（9）、（10）、（11）依次与表 3-5 的列（7）按序组合，构成 8 组两两对应的数据，然后分别将每组数据单独代入式（3.11），就可得到 2001—2008 年家电行业投资风险综合评价得分（综合风险），见表 3-6。

（2）中国家电行业 2001—2008 年投资风险分析

表 3-6、图 3-2、图 3-3、图 3-4 分别列示了本章的实证研究结论——2001—2008 年我国家电行业的风险状况。下面对实证结果进行具体分析和解读。

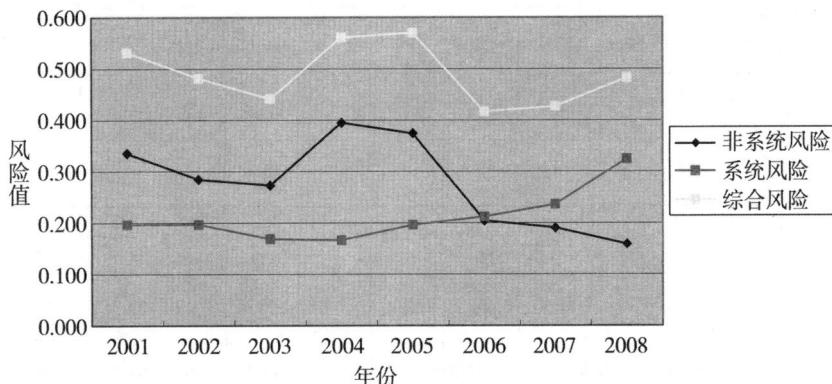

图 3-2　2001—2008 年我国家电行业综合投资风险评价曲线

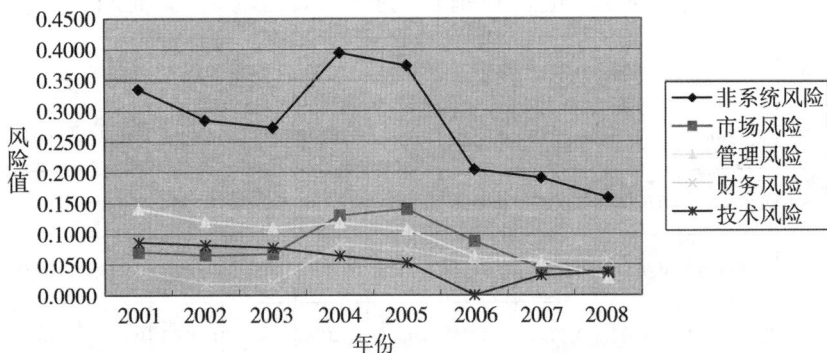

图 3-3　2001—2008 年我国家电行业非系统风险评价曲线

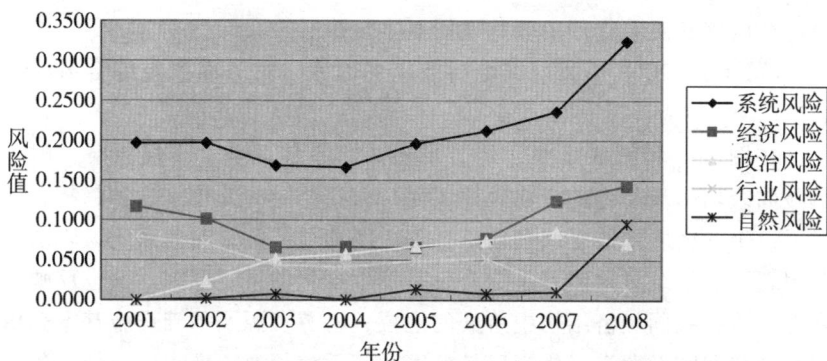

图 3-4　2001—2008 年我国家电行业系统风险评价曲线

①2001—2008 年我国家电行业投资风险整体呈现相对平稳的中等水平

在表 3-6 中，我国家电行业连续 8 年的综合风险得分均值为 0.4890，非常接近风险中等水平值 0.5000；且我国家电行业连续 8 年的综合风险值都分布在 0.4000 至 0.6000 之间。这说明，我国家电行业企业的投资风险围绕中等风险水平在小范围内上下波动，振幅不超过平均值的 15%，没有明显的上升或下降趋势，这也符合我国总体经济发展水平和家电行业在国家产业结构下游充分竞争的现实。随着我国改革开放政策的不断深入，我国家电行业已经走过早期的引进、消化和快速发展阶段，激烈的、你死我活的生存竞争时期已经结束。这一时期，我国家电行业正在锻炼"内功"，增强自身能力，为走向世界竞争舞台、融入世界经济体系积蓄力量，因此整体表现为稳步发展。

②2001—2008 年我国家电行业非系统风险对综合风险的影响更大

在图 3-2 中，"综合风险"、"非系统风险"、"系统风险"三条曲线显示，2001—2008 年我国家电行业在系统风险大体保持稳中有升的同时，非系统风险与综合风险保持基本相似的变化规律（几字形起伏曲线）。这表明我国家电行业至少在这一阶段，非系统风险与总体投资风险保持更密切的联动关系，即行业内企业面临相同的系统风险，企业整体投资风险更多地源于企业内部，受企业内部因素的影响更大。这个结论与准则层组合权重的结果相一致（X1（0.5104）＞X2（0.4898）），也符合内因起决定作用的事物发展基本规律。

③2001—2008 年我国家电行业市场因素、财务因素与综合风险的联动

在图 3-2 和图 3-3 中，综合风险、非系统风险、市场风险、财务风险曲线均呈现相似的变化规律，保持大致相同的变化方向和趋势，形成了一个紧密联系的三级联动链，即市场和财务是影响非系统风险的主要因素，非系统风险因素是综合风险发生变化的主要原因。这也反映了家电行业在我国经济结构中所处的地位，上游资源及基础设施基本都由国有公司垄断经营，日用消费品、家电等下游行业，准入门槛低，各种资本进出相对自由，市场竞争激烈，行业、市场、财务等方面的风险更显著。

④2001—2008 年我国家电行业的管理风险、行业风险和技术风险下降趋势明显

在图 3-3 和图 3-4，管理风险、行业风险、技术风险三条曲线呈现明显的下降趋势，期末风险评价得分依次下降到初始值的 19%（0.1411→0.0275）、18%（0.0796→0.0145）、43%（0.0857→0.0369），风险水平大幅度降低。这从侧面反映出中国家电行业在技术水平不断提高的同时，行业发展水平、管理水平也显著提高。这与中国家电行业发展的实际相一致。

⑤2001—2008 年我国家电行业的经济、政治、自然风险呈现平稳上升的趋势

在图 3-3 和图 3-4 中，我国家电行业的经济、政治、自然风险的变化趋势是稳中有升。除去 2008 年汶川大地震对自然风险的显著影响，快速工业化引发的环境污染和环境破坏、贫富差距拉大导致社会矛盾激化、受国际政治经济形势的影响越来越大等，都是造成这种变化的根本原因，这也是工业化进程不可避免的负面因素。

3.5　本章小结

本章首先在回顾已有投资风险评价文献的基础上，剖析了现有研究

的不足；然后结合当前我国的现实情况，全面分析了影响企业投资风险的各种因素，建立了考虑宏观、微观影响因素的新的企业投资风险评价指标体系，综合运用主观和客观两种赋权方法，对评价指标进行组合赋权，构建了基于 G1 法和变异系数法的企业投资风险评价模型，为企业比较、分析投资风险提供了更为直接的方法，为管理者提高决策的科学性提供了支持；最后选取样本进行实证研究，通过评价 2001—2008 年我国家电行业的投资风险水平，验证了模型的实际应用价值。

研究结果表明：

（1）本书构建的企业投资风险评价模型能够比较客观地反映实际情况。在模型构建的过程中，有关指标体系建立和指标赋权两个方面，笔者分别借鉴了前人的研究成果和组合赋权理论，从而为相对客观、准确地评价企业投资风险奠定了理论基础和科学依据，使其具备了一定的应用价值。

（2）2001—2008 年我国家电行业的总体投资风险特征是相对平稳的中等水平。总体风险水平起伏小，且相对于外部环境，受内部因素影响较大。

（3）随着改革开放政策的不断深入和国际交往的不断加强，中国经济与世界经济的联系愈发紧密，我国家电行业在引进先进管理思想和技术的同时，也受到了国际政治经济环境越来越大的冲击，表现在我国家电行业的实践中，就是管理风险、行业风险和技术风险明显下降的同时，经济风险、政治风险、自然风险呈现平稳上升的趋势。

4 管理者非理性特征对企业投资风险的影响研究

本书第 3 章主要研究了管理者理性条件下企业投资风险的评价问题，其前提假设是传统古典经济学的"理性经济人"假设，即管理者总是理性自利的，永远追求利益最大化。但是随着认识活动的不断深入，人们逐渐发现，"理性经济人"假设只是一种理想状态，在实践生活中基本不存在。因为"理性经济人"假设要求行为主体拥有完备的信息、相同的偏好与无懈可击的计算决策能力，而受不同人、不同个体特征的影响，直觉、经验、情感等非理性因素的影响也难以避免，非理性行为的存在已被越来越多的研究所证实。

事实上，进入 20 世纪以后，传统的"理性经济人"假设受到了前所未有的挑战，管理者的非理性特征对企业投资风险的影响受到了越来越多学者的关注，也取得了一定的研究成果。早期的心理学研究成果引入行为科学后，产生了著名的有限理性理论，之后相继出现了实验经济学、期望理论等研究成果。学者们都试图从更全面的角度分析、解释理性假设下各种所谓的"异常现象"。经过许多学者的不懈努力，一些特征鲜明的管理者非理性行为赢得了广泛的关注和认可，过度自信（Overconfidence）和风险偏好（Risk Preference）是其中的典型代表。

为了更全面、有效、准确地评价企业投资风险，从而达到降低风险的目的，本书在第 3 章的基础上，分别以管理者过度自信和管理者风险偏好为典型代表，研究管理者非理性特征对企业投资风险的影响，从而将企业管理者非理性影响因素纳入投资风险评价体系，构建考虑更全面影响因素的风险评价体系，为最终建立考虑管理者非理性特征的企业投资风险约束模型奠定基础。

4.1 管理者过度自信对企业投资风险的影响研究

4.1.1 研究问题及思路

（1）研究问题

"过度自信"源自心理学。心理学家通过长期的观察研究发现，人们在实践活动中往往过于相信自己的判断能力，高估自己成功的概率，常常把成功的原因更多地归功于自己，却低估运气、机遇、他人的努力等非自我因素的影响和作用，这种认知偏差被命名为"过度自信"。大量心理学研究文献表明，过度自信是人类最稳定的心理特质之一，多数人对自己的能力和前途有着不切实际的乐观看法——汽车司机、企业家、银行家、律师、工程师、医护人员等诸多不同领域的行为主体，都表现出了过度自信的行为特征。

在经济学领域，人们很早就注意到了这种特殊现象，并用大量的证据和众多的研究成果证明了它的广泛存在。由于管理者过度自信与过度投资关系密切，因此过度自信受到越来越多学者的关注。

近年来，学者逐渐开始关注管理者过度自信与风险的关系。Landier 和 Thesmar（2006）对法国 39 000 家新企业进行实证检验，结果发现过度自信的企业家更偏好风险较高的短期负债，现实主义者则偏好风险更低的长期负债。周嘉南、黄登仕（2007）利用经典代理理论的最优业绩分享系数研究发现，当经理过度自信系数增大时，经理的最优努力水平随风险的增加而增加。

（2）研究思路

由于管理者尤其是企业高层管理者过度自信行为的存在，因此其投资决策过程难免受非理性因素的影响，这使得投资决策结果带有决策者个体特性，偏离了纯粹理性假设，影响了企业的投资风险，而且过度自信的管理者常常倾向于过度投资，从而增大了投资风险。目前，国内外有关过度自信的研究文献，主要集中于金融证券投资领域，较少针对企业管理者，而关于管理者过度自信对企业投资风险影响的文献则更少。

本节在量化管理者过度自信和企业投资风险的基础上，借助格兰杰因果关系检验（Granger Causal Relation Test），实证研究二者的相互影响关系，分别选取 MOC、EIR 为管理者过度自信和企业投资风险的代理变量，以沪深两地上市公司 2002—2009 年的连续数据为样本，进行序列数据的单位根检验和格兰杰因果关系检验。本节的"企业"是指生产制造型公司，不包括金融服务、房地产等行业；"管理者"是指企业中具有战略决策地位的高层管理人员，包括董事长、总经理、CEO、总裁等在内的高层决策群体。

4.1.2　研究方法及假设

（1）格兰杰因果关系检验

格兰杰因果关系检验是检验两个变量之间是否存在统计意义上的因果关系的常用方法，被广泛应用于时间序列经济变量、经济系统的动态性分析中。该理论由 2003 年诺贝尔经济学奖得主 Clive W. J. Granger 于 1969 年最先提出。Granger 将因果关系定义为"依赖于使用过去某些时点上的所有信息的最佳最小二乘预测的方差"，其核心思想是：对于两个时间序列变量 X 和 Y，当对 Y 进行自回归时，如果加入 X 的滞后值能使回归的解释力显著增强，则称 X 是 Y 的格兰杰原因（Y 是由 X 格兰杰引起的）；反之，则称 X 不是 Y 的格兰杰原因。格兰杰因果关系检验的本质是检验一个变量的滞后变量是否可以引入到其他变量方程中。

一般来说，为检验原假设 H_0：X 不是 Y 的格兰杰原因，首先要进行两个回归分析，一是 Y 对 Y 滞后值和 X 滞后值的回归，二是 Y 只对 Y 滞后值的回归；然后用 F 检验统计量比较大小，来确定 X 滞后值对第一个回归的贡献度，如果贡献显著，就拒绝原假设，证明备择假设 H_1：X 是 Y 的格兰杰原因。同理可检验 Y 对 X 的格兰杰因果关系。传统的格兰杰因果关系检验模型为：

$$Y_t = \alpha + \sum_{i=1}^{p} \alpha_i X_{t-i} + \sum_{i=1}^{p} \beta_i Y_{t-i} + \mu_{1t} \qquad (4.1)$$

式中：Y_t——变量 Y 原始序列的 t 期值；

Y_{t-i}——变量 Y 原始序列滞后 i 期的值；

X_{t-i}——变量 X 原始序列滞后 i 期的值；

α_i——对应变量的回归系数；

β_i——对应变量的回归系数；

p ——滞后阶数（滞后项个数）；

t ——时间序列；

μ_{1t}——残差项；

α ——截距项。

模型检验原假设 H_0： X 不是 Y 的格兰杰原因。

模型检验统计量：

$$S_U = \frac{(RSS_R - RSS_U)p^{-1}}{RSS_U(n - 2p - 1)^{-1}} \sim F(p, n - 2p - 1)$$

式中： n ——样本容量；

RSS_R ——式（1）回归的残差平方和；

RSS_U ——式（1）不包含 X 滞后项的方程回归的残差平方和。

（2）研究假设

①假设 4.1：管理者过度自信是企业投资风险的格兰杰原因

一般认为，管理者过度自信是行为主体（管理者）自身的个性特征，形式上表现为内生变量，企业投资风险则是经济组织（企业）的经营特征，更多地体现为外生变量，而且过度自信和投资风险分属不同的主体，它们并没有直接的联系。但是，"未来的竞争是人才的竞争"、"以人为本"等无不揭示了人对物质世界的核心影响力，离开了人，企业只是物质的简单堆积，也就失去了存在的意义。人作为企业主体最活跃、最重要的元素，尤其是居于企业核心地位的管理者，他们对企业生存和发展的重要作用是其他任何元素都不能相比的。因此，管理者过度自信对企业投资风险的影响难以避免。学者研究也表明，管理者过度自信会影响企业的投资风险，并且过度自信的管理者更倾向于选择高风险的项目。由此，我们提出假设 4.1。

②假设 4.2：企业投资风险不是管理者过度自信的格兰杰原因

相反，企业投资风险过大、投资失败，管理者承受风险，甚至可能导致管理者失去职权，却不一定会影响到管理者过度自信。首先，受主客观条件所限，管理者本人很难将企业投资失败的原因归为个人的过度自信，否则他就不是一个过度自信的人；其次，周围的环境（人、舆论等）未必想到或者愿意将两者结合起来。这就从内、外两个方面杜绝了企业投资风险对管理者过度自信的影响，而且已有的相关文献也没有提出类似的研究和观点。由此，我们提出假设 4.2。

4.1.3　变量选取及模型构建

为了使变量具备更显著的代表性和更高的可比性，本节分别选用企业盈利预测相对偏差和收益标准离差率两个相对变量，作为管理者过度自信和企业投资风险的代理变量。

（1）管理者过度自信的计量

当前，虽然大家普遍认可管理者过度自信的存在，但如何对它进行计量、实证研究却各执一词、莫衷一是。已知的计量方法有管理者行权期内持有本公司股票数量、消费者情绪指数、企业盈利预测偏差、管理者股权激励、企业景气指数等。鉴于指数预测过于笼统，我国尝试企业股权激励时间又很短，而上市公司盈利预告制度建立较早（2002 年），因此本节选择企业盈利预测偏差的相对值来计量管理者过度自信，定义为 MOC（Managerial Overconfidence）。其计算公式为：

$$MOC_{i,t} = \frac{P_{i,t}^e - P_{i,t}}{E_{i,t}} \tag{4.2}$$

式中：$MOC_{i,t}$——i 企业的管理者第 t 年的过度自信值；

　　　$P_{i,t}^e$——i 企业第 t 年的净利润预测值；

　　　$P_{i,t}$——i 企业第 t 年的净利润值；

　　　$E_{i,t}$——i 企业第 t 年的所有者权益（取年初与年末数的平均值）。

（2）企业投资风险计量

参考风险溢酬、收益与风险对等理论，企业风险集中体现为企业收益围绕无风险收益的上下波动，我们选用取得广泛认可的方差风险计量法，以一个会计周期四个季度收益的标准离差率来计量企业投资风险，定义为 EIR（Enterprise Investment Risk）。其计算公式为：

$$EIR_{i,t} = \frac{\sigma_X^{i,t}}{E(X)_{i,t}} \qquad (4.3)$$

式中： $EIR_{i,t}$——i 企业第 t 年的风险值；

$\sigma_X^{i,t}$——i 企业第 t 年四个季度收益的标准差；

$E(X)_{i,t}$——i 企业第 t 年四个季度收益的数学期望（均值）。

（3）模型构建

为了检验管理者过度自信与企业投资风险的相互影响关系，参照式（4.1），分别构建两个格兰杰因果关系检验模型。

$$EIR_t = \alpha_1 + \sum_{i=1}^{p}\alpha_{1i}MOC_{t-i} + \sum_{i=1}^{p}\beta_{1i}EIR_{t-i} + \mu_{1t} \qquad (4.4)$$

$$MOC_t = \alpha_2 + \sum_{i=1}^{p}\alpha_{2i}EIR_{t-i} + \sum_{i=1}^{p}\beta_{2i}MOC_{t-i} + \mu_{2t} \qquad (4.5)$$

其中，式（4.4）隐含该模型原假设 H_{01}：管理者过度自信不是企业投资风险的格兰杰原因；备择假设 H_{11}：管理者过度自信是企业投资风险的格兰杰原因。检验过程：将经过检验的平稳时间序列带入方程，结果显著，则拒绝原假设，接受备择假设；否则，结果不显著，则证明原假设成立。

式（4.5）隐含该模型原假设 H_{02}：企业投资风险不是管理者过度自信的格兰杰原因；备择假设 H_{12}：企业投资风险是管理者过度自信的格兰杰原因。检验过程同式（4.4）。

综合以上格兰杰因果关系检验的结果，管理者过度自信对企业投资风险的影响有四种可能的结果：前者是后者的格兰杰原因，后者是前者的格兰杰原因，前者和后者是互为因果关系的双向格兰杰原因，前者和后者都不是彼此的格兰杰原因。

4.1.4 实证研究结果及分析

本节采用格兰杰因果关系检验实证研究管理者过度自信与企业投资

风险的因果关系。为了防止时间序列不平稳引起的虚假回归、结果失真，格兰杰因果关系检验的第一步是对待检验的样本数据进行时间序列的平稳性检验，序列平稳则直接进行格兰杰因果关系检验，序列不平稳则对序列再进行协整，以保证变量间长期稳定的均衡关系，满足格兰杰因果关系检验的要求。Granger（1988）明确指出："如果变量之间是协整的，那么至少存在一个方向上的格兰杰原因。"因此，本节的实证研究依次完成单位根检验（非平稳时间序列的协整检验）和格兰杰因果关系检验，并对检验结果进行了分析研究。

（1）样本选取

鉴于 2002 年我国证监会要求上市公司在第三季度报告中进行年度业绩预报披露，本节选取了 2002—2009 年我国沪深两市非金融行业上市公司的相关财务数据为初始样本。剔除个别数据缺失、预测信息不能准确量化，以及时间序列不具有连续性的不合格样本（本节选取大于等于 3 年的样本），共得到有效研究样本 814 个。本节样本数据全部来自"锐思金融研究数据库（www.resset.cn）"和"国泰安数据服务中心（www.gtarsc.com）"。本节实证研究则采用美国 QMS 公司（Quantitative Micro Software Company）开发的经济计量软件 EViews5（Econometrics Views 5）。

（2）样本变量的描述性统计

表 4-1、图 4-1、图 4-2 共同刻画了样本变量的描述性统计特征。

表 4-1　　　　　　　**研究变量的描述性统计**　　　　　单位：百万元

变量	Minimum	Maximum	Mean	Std. Deviation
第一季度净利润	−584.08	1 412.15	28.64	107.55
第二季度净利润	−186.30	2 011.03	43.25	122.50
第三季度净利润	−349.09	1 572.74	39.03	116.81
第四季度净利润	−861.59	1 523.59	27.27	165.55
年净利润	−960.07	6 519.51	138.19	447.57
年预测净利润	−540.00	2 994.50	130.78	318.21
年平均净资产	−1 680.00	23 800.00	1 087.84	1 636.79

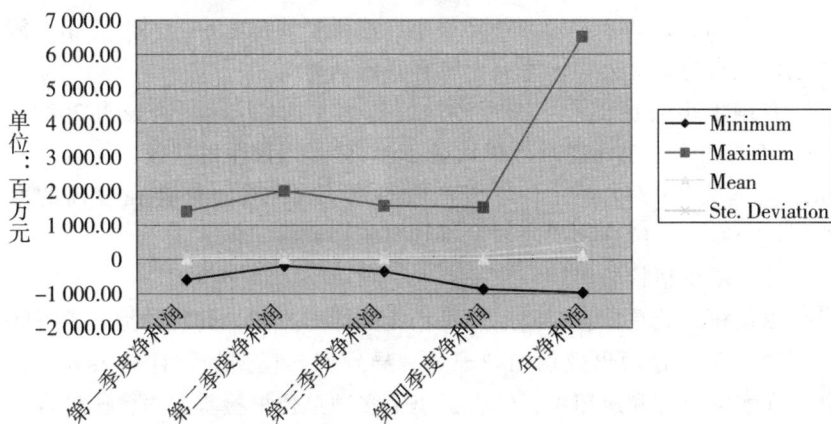

图 4-1　样本净利润描述性统计

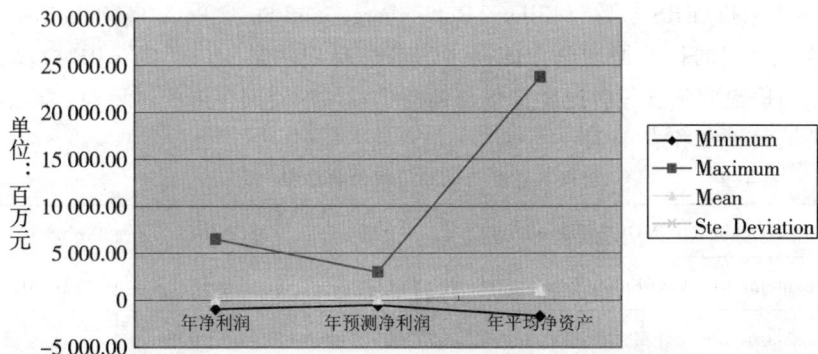

图 4-2　样本年净利润与年平均净资产描述性统计

可以看出，样本季度净利润均值（见表 4-1 的 Mean 列）的变化不大，都在 34.55（138.19/4，百万元）附近波动，图 4-1 的 Mean 线几乎接近于一条水平线；图 4-1 中第一、二、三、四季度净利润均值的极大、极小值区间保持大体相同的宽度，且起伏小。这显示了我国上市公司收益分布的年度平均化、均衡化特征。

有关样本公司年度变量的极值区间[极小值，极大值]，年预测净利润的极值区间为[-540.00，2 994.50]，年净利润的极值区间为[-960.07，6 519.51]，年平均净资产的极值区间为[-1 680.00，23 800.00]，前者明显小于后两者；而样本公司年净利润均值和年预测净利润均值分别为

71

13 819 万元、13 078 万元，差异很小。这说明我国上市公司能够相对清醒地认识自身，对公司未来有比较客观的认识。

我国上市公司年平均净资产均值是 108 784 万元，这表明 2002—2009 年我国上市公司净资产大致处于 10 亿元人民币的规模。同期，实际净利润为 13 819 万元，净资产收益率为 12.7%，保持在较高的水平，这与我国持续高速的经济发展状况相一致。

（3）单位根检验

单位根检验是检查时间序列平稳性的标准方法，其目的是防止时间序列数据不平稳而出现伪回归现象，导致回归模型的估计结果失去意义。在实际研究和应用中，学者提出了多种单位根检验方法，比较常见的有 ADF 检验（Augmented Dickey-Fuller Test）、PP 检验（Phillips-Perron Test）、ERS 检验（Elliot, Rothenberg, and Stock Point Optimal Test）等，它们的检验原理基本相同。本节选择应用最为广泛的 ADF 检验，分别检验变量管理者过度自信与企业投资风险时间序列的平稳性，其结果见表 4-2 和表 4-3。

表 4-2　　　　管理者过度自信单位根检验结果

Null Hypothesis：MOC has a unit root			t-Statistic	Prob.*
Augmented Dickey-Fuller Test Statistic			−28.6383	0.0000
显著性水平：	1% level	检验临界值：	−3.4381	
	5% level		−2.8649	
	10% level		−2.5686	

表 4-3　　　　企业投资风险单位根检验结果

Null Hypothesis：EIR has a unit root			t-Statistic	Prob.*
Augmented Dickey-Fuller Test Statistic			−17.9145	0.0000
显著性水平：	1% level	检验临界值：	−3.4382	
	5% level		−2.8649	
	10% level		−2.5686	

检验结果显示，管理者过度自信（MOC）与企业投资风险（EIR）两个序列的 t-Statistic 分别为-28.6383 与-17.9145，都远小于其 1%显著性水平下的临界值-3.4381、-3.4382，且两者的统计概率 P 值都为 0.0000，表示在 1%显著性水平下的两个序列都显著，即序列都不存在单位根，从而拒绝了原假设"序列有单位根（MOC has a unit root/ EIR has a unit root）"。

综合上述分析，样本公司的管理者过度自信和企业投资风险两组数据都是平稳的时间序列，样本数据不需要再进行协整检验，可直接进行格兰杰因果关系检验。

（4）格兰杰因果关系检验

将经过单位根检验的两组样本数据序列输入到统计计量软件 EViews5，完成 814 个样本的管理者过度自信与企业投资风险的格兰杰因果关系检验，结果见表 4-4。

表 4-4　管理者过度自信与企业投资风险的格兰杰因果关系检验结果

滞后阶数	原假设（H_{01}、H_{02}）	数据容量	F 统计量	概率值（P 值）
Lags：1	A does not Granger Cause B	813	4.5409	0.0334
	B does not Granger Cause A	813	0.4439	0.5054
Lags：2	A does not Granger Cause B	812	2.5413	0.0794
	B does not Granger Cause A	812	0.2488	0.7798

注：表中的 A、B 分别代表"管理者过度自信"和"企业投资风险"。

①管理者过度自信对企业投资风险的影响研究结果

在表 4-4 中，对于式（4.4）的原假设 H_{01}：管理者过度自信不是企业投资风险的格兰杰原因（A does not Granger Cause B），格兰杰因果关系检验结果概率值（P 值）分别为 0.0334（对应 F 统计量为 4.5409）和 0.0794（对应 F 统计量为 2.5413），两者都小于公认最大的显著性检验水平标准——P 值等于 10%，即当滞后阶数为 1 和 2 时，统计结果显著，检验结果拒绝模型隐含的原假设 H_{01}，接受模型的备择假设 H_{11}：管理者过度自信是企业投资风险的格兰杰原因。因此，本节的研究假设

4.1 得到证实。

②企业投资风险对管理者过度自信的影响研究结果

在表 4-4 中，对于式（4.5）的原假设 H_{02}：企业投资风险不是管理者过度自信的格兰杰原因（B does not Granger Cause A），格兰杰因果关系检验结果概率值（P 值）分别为 0.5054（对应 F 统计量为 0.4439）和 0.7798（对应 F 统计量为 0.2488），都大于最大的显著性检验标准——P 值等于 10%，即无论滞后阶数是 1 还是 2，统计结果都不显著，检验结果接受模型隐含的原假设 H_{02}：企业投资风险不是管理者过度自信的格兰杰原因。因此，本节的研究假设 4.2 得到证实。

综合以上结论，管理者过度自信是企业投资风险的格兰杰原因；反之，企业投资风险不是管理者过度自信的格兰杰原因。过度自信的管理者常常表现为决策时的自信满满、独断专行和乾纲独断，学者的研究证实过度自信的管理者更偏向于过度投资，这种管理者非理性行为必然影响企业的投资决策，从而增加投资风险。这一管理者过度自信导致企业投资风险增大的过程，伴随时间的延续，这也是变量具有滞后效应的原因。反过来，企业投资风险对管理者过度自信则没有类似的过程。

③研究结果分析

本节首先介绍了过度自信的来源、概念和内涵，以及格兰杰因果关系检验的基本原理；其次，在探讨企业管理者过度自信存在的基础上，选取管理者过度自信和企业投资风险为代理变量；最后，利用选择的研究样本，进行管理者过度自信与企业投资风险的格兰杰因果关系检验。结果发现：

管理者过度自信是企业投资风险的格兰杰原因。正是管理者过度自信行为的因，导致了企业投资风险的果，即管理者受性格、情感等非理性条件制约，诱发过度自信，导致企业决策偏离了正确轨道，从而增加了企业的不确定性，引发了企业投资风险。此结论符合管理学的基本原理和以人为本的管理思想，具有一定的现实指导意义。

企业投资风险不是管理者过度自信的格兰杰原因。本节进一步的研究表明，企业投资风险与管理者过度自信不存在显著的因果关系，且缺乏理论支持，从而进一步厘清了企业投资风险对管理者过度自信的影响，为更全面、准确地评价企业高层管理者提供了新的理论依据。

4.2 管理者风险偏好影响因素研究

一般认为，风险是指未来损失的不确定性，偏好是指行为主体（通常指人）在面对一定决策对象时的价值判断。风险偏好作为一个整体概念，最早由 Markowitz 在研究投资组合理论时首次提出，Markowitz 定义风险偏好为"投资者在投资选择过程中，面对投资收益和风险所表现出来的对待风险的态度趋势"。风险偏好从诞生之初，首先是一个体现行为主体个性特征的内生变量，表现为人的主观的管理决定，其次才是风险控制，乃至风险经营、风险全面管理的起点。

4.2.1 问题提出及研究思路

（1）问题提出

传统理论一般假设投资者是风险厌恶的，风险偏好作为行为决策理论的一个分支，它是随着行为金融学和实验经济学的产生而逐渐成熟起来的。1947 年，学者 Von Neumann 和 Morgenstern 在解答圣彼得堡悖论的同时，提出了著名的经典理论，该理论也是现代决策理论的基石——预期效用模型，这是经济学研究领域有关风险偏好问题的最早论述。他们认为，决策主体通过判断各种可能出现结果的加权估价来谋求预期效用的最大化，而这一决策过程与行为主体的风险偏好关系密切，并且预期效用函数的线性无差异曲线的斜率可以表示行为主体的风险偏好程度，即斜率越大风险偏好程度越高，斜率越小风险偏好程度越低。这为行为主体风险偏好的测度研究开辟了全新的思路。1954 年，学者 Savage 又提出了主观预期效用模型，进一步分辨出了行为主体的个体差异，完善了预期效用理论。

但是无论预期效用理论如何完善，都无法避免其预先假定个体效用函数的致命缺陷；同样，量表测度对调查问卷的过分依赖也制约了其应用性。美国学者 Friend 和 Blume（1975）最早提出用个体风险资产比例来衡量风险偏好程度。他们研究发现，随着个体财富的增加，其风险资产比例也随之增加；而年龄因素的影响则相反。但是，加拿大学者 Morin 和 Suarez（1983）的研究结果表明，家庭的风险资产比例随家庭财富的增加而减少，且风险偏好与个体年龄呈现负相关。Moers 和 Peek（2000）用同样的方法研究了 CEO 风险偏好，结果发现管理者风险偏好程度越高，其风险资产比重的波动性越大，反之则保持在一个相对稳定的风险资产比例水平上。

以上国外学者提出的风险计量方法，虽然大多选择单一的影响变量，但这无疑为我们提供了可资借鉴的理论基础。如何找到一个能够准确计量我国管理者风险偏好程度的方法，是本节要解决的问题。

（2）研究思路

首先，回顾已有相关文献，分析影响风险偏好的管理者个性特征，在此基础上构建基于管理者性别、年龄、教育背景、任职期限、个人财富、持股比例等特征的风险偏好基础计量模型和风险偏好修正计量模型；其次，选取沪深两市我国上市公司最近 10 年的管理者与企业信息作为研究样本，并通过归类、整理，将样本分为高职权样本、中职权样本、低职权样本三类；最后，三类样本依次与风险偏好基础计量模型和风险偏好修正计量模型相结合，完成多个回归分析，并对回归结果进行比较分析，找到合适的风险偏好计量方法，从而为下一步管理者风险偏好对企业投资风险的影响研究奠定基础。

4.2.2　影响因素分析

风险偏好是行为主体的个性特征，是管理者的个体特征，具有管理者内生变量的特质。因此，影响管理者风险偏好的因素主要源自管理者自身。

（1）性别对管理者风险偏好的影响

受男女生理、心理的差异，以及社会分工不同的影响，男性在现实生活中常常表现出比女性更强的冒险精神，尤其是在具有男权思想的社会体系中，女性较少抛头露面，这种现象更为明显。关于性别对个体风险偏好的影响，已有的大多数国内外相关研究表明，男性的风险偏好程度要大于女性。Byrnes 和 Shafir（1999）在研究个体性别对风险偏好的影响时发现，男性比女性更富有冒险性，男性对风险的承受能力更强。Barber（2001）选取证券市场投资者进行投资行为研究，结果发现，相对于女性投资者，男性投资者更容易出现非理性投资行为。Hartog、Carbonell 和 Jonker（2002）完成了三个相互独立的彩票调查，分析结果发现，男性购买者的风险偏好程度普遍高于女性。我国学者何贵兵、梁社红（2002）实证研究了性别与决策个体风险偏好的关系，最终得到了相似的结论。

（2）年龄对管理者风险偏好的影响

一个人随着年龄的增长、阅历的增加，其智力水平会不断走向成熟，知识积累会越来越多，经验会日益丰富，对事物的认识无疑也会越来越深入、越来越客观，这是人类生存的基本规律。因为年长者具备了更多的风险基础知识和实践经验，对风险的认识就相应地减少了许多盲目性，再加上性格也从年轻的冲动走向成熟稳重，因此其行事作风更偏向于保守，风险决策更趋于谨慎，对风险的承受力逐渐减小。学者们的研究也证明了这一点。学者 Friend 和 Blume（1975）在研究美国1962—1963 年的普查数据、分析美国公民的个人财富状况时发现，风险资产占个人总资产的比例随个人年龄的增加而减少。Morin 和 Suarez（1983）以加拿大公民个人财富为样本进行同样的研究，结果也得出了风险偏好与年龄负相关的结论。Riley 和 Chow（1992）的研究也取得了相似的结论。

（3）从业经验对管理者风险偏好的影响

大量研究表明，管理者普遍存在过度自信的个体特征，而过度自信是管理者风险偏好程度高的主要原因。人们常言，"成者王侯败者寇"、"成功者是不受指责的"等，在这种思想下，随着管理者从业经历的增加，经验的日益丰富，尤其是成功经验的积累，管理者将更加高估自己的能力，从而对困难认识不足，选择高风险的项目。另外，在公司治理结构中，所有者和经营者形成委托代理关系，从业经验丰富的管理者有更大的动机进行高风险决策，因为该管理者更有机会占有风险决策带来的成果，决策常常更具全局性、变革性和挑战性；相反，从业经验短的管理者缺乏高风险决策的动机，更倾向于选择获取稳定收益而维持现状。因此，从业经验与管理者风险偏好呈现正向相关关系。

（4）学历背景对管理者风险偏好的影响

管理者受教育时间越长、学历越高、掌握的知识越多，对事物发展规律的认识相对越深入，对事情看得越透彻、分明，越容易产生敬畏之心，也就越容易做出低风险决策，正所谓"知道的越多，不知道的越多"，其决策基础更多地来自理性成分；而学历低者、知识相对少的管理者，由于知道的有限，反而在决策中没有那么多顾忌，易于做出高风险决策，正所谓"无知者无畏"，"简单就是幸福"，其决策基础更多来自直觉、情感等感性因素。

（5）个人财富多少对管理者风险偏好的影响

现实生活中，财富少甚至没有财富的人，本来就没有什么可失去的，因此更容易选择高风险项目，以博取超额收益；而拥有相对较多财富的人，会担心已有财富失去，常常在收益和风险之间进行更多的权衡，希望找到低风险且高收益的选项，因此更偏重选择低风险项目。大量实证研究也表明，个人财富与其风险偏好呈现显著的正向相关关系，即随着个人财富的增加，管理者风险偏好程度增大。Friend 和 Blume（1975）在研究行为个体的风险资产、安全资产，以及个体风险偏好程度三者关系的过程中，发现个体风险资产比例随个体财富的增加而增大。Cohn 和 Lewellen（1975）同样选择个体风险资产占其全部资产的比重作为风险偏好的代理变量，结果得到同样的研究结论。此外，学者Morin、Riley 分别在 1983 年、1992 年实证得出同样的研究结论。但是，我们也注意到进入 21 世纪，也有个别学者，如 Hartog、Jonker 等得出了相反的研究结论。

（6）风险资产多少对管理者风险偏好的影响

企业法人所有权与经营权分离而形成的企业所有者与经营者委托代理关系，是当前最稳定的企业治理结构，再加上企业股权越来越分散，高层管理者对企业的作用越来越重要，因此薪酬股权激励理论已被越来越多的人所接受。薪酬股权激励理论实质是尝试从经营者股东化的角度，"讨好"管理者，间接实现管理者与所有者的利益一致化，以降低管理者与股东的代理冲突，更好地实现股东利益。管理者持有本公司股票较少甚至未持股时，基于信息不对称理论和个人利益最大化，一般会偏向于选择牺牲股东利益而实现个体高收益的短期行为，从而体现出管理者较高程度的风险偏好；相反，随着管理者持股比例增大，管理者与股东的目标越来越趋于一致，管理者有选择低风险偏好的更大动机。

4.2.3　多元回归模型的构建

为了提高管理者风险偏好计量的稳定性，更好地计量风险偏好，为后续研究奠定良好的基础，本节在选取各种影响因素代理变量的基础上，构建了基础计量模型和修正计量模型两个研究模型，并进行实证研究。

（1）变量选取

考虑到我国证券市场时间较短、制度正在不断完善的实际情况，以及样本选取和数据的易得性，本书选取以下代理变量：

①风险偏好

定义风险偏好为唯一的被解释变量，计为 MRP（Manager Risk Preference）。它受管理者众多个体特征（因素）的影响，其大小代表了管理者风险偏好程度，且其值越大，管理者风险偏好程度越大，说明管理者越喜好高风险决策。风险偏好的计算公式如下：

$$MRP = \frac{MSV}{MSV + MI} \tag{4.6}$$

式中：MRP——管理者风险偏好程度；

　　　MSV——管理者持股市值（Manager Shareholding Value，表示管理者风险资产价值）；

　　　MI——管理者薪酬收入（Manager Income，表示管理者安全资产价值）。

②性别

定义管理者性别为模拟代理变量，计为 MG（Manager Gender）。其中男性管理者为 1，女性管理者为 0。

③年龄

以管理者年龄作为管理者人生阅历的代理变量，计为 MA

（Manager Age）。其取值越大，表示管理者具有更多的人生阅历。

④任职期限

为方便数据收集，选取管理者在该企业高管岗位的任职期限作为管理者管理经验的代理变量，计为 MT（Manager Time）。其任职期限取值越大，表示管理者在岗时间越长，岗位经验越丰富。

⑤最高学历

选取管理者个人最高学历作为其知识背景的虚拟代理变量，计为 ME（Manager Education）。管理者学历量表见表 4-5.

表 4-5　　　　　　　　　　　　管理者学历量表

变量取值	1	2	3	4	5
含义	中专及中专以下	大专	本科	硕士研究生	博士研究生

⑥年收入的对数

由于我国管理者个人资产状况信息极难获取，为了满足研究的需要，定义管理者年收入（持股市值与薪酬收入之和）的对数为其个人财富的代理变量，计为 MPW（Manager Personal Wealth）。具体计算公式如下：

$$MPW = \log(MSV + MI) \tag{4.7}$$

式中：MPW——管理者个人财富；

　　　MSV——管理者持股市值；

　　　MI——管理者薪酬收入。

⑦管理者持股比例

定义管理者持股比例为风险资产的代理变量，计为 MRA（Manager Risk Assets）。其值越大，表示管理者持有的风险资产越多，风险偏好程度越大。具体计算公式如下：

$$MRA = \left(MS \middle/ CTE \right) \times 100\% \tag{4.8}$$

式中：MRA——管理者风险资产；

　　　MS——管理者持股数（Manager Shareholdings）；

　　　CTE——公司总股本（Company Total Equity）。

（2）基础计量模型

一般认为，管理者的国籍、成长和教育文化背景、社会环境都会对其风险偏好产生影响，但是由于本书研究的范围仅限于中国国内的管理者，大家具有相同的文化环境，因此，本书暂不考虑管理者文化差异对其风险偏好的影响，主要从管理者的性别、人生阅历、管理经验、知识背景、个人财富、风险资产等影响因素来研究管理者风险偏好。依据上述假设及对管理者风险偏好影响因素的分析，构建以下企业管理者风险偏好基础计量模型：

$$MRP_{i,t} = a_0 + a_1 MG_{i,t} + a_2 MA_{i,t} + a_3 MT_{i,t} + a_4 ME_{i,t} + a_5 MPW_{i,t} + a_6 MRA_{i,t} + \varepsilon_{i,t} \quad (4.9)$$

式中：i —— i 公司；

t —— 第 t 期；

a_0 —— 截距项；

$\varepsilon_{i,t}$ —— 残差项；

a_1、a_2、a_3、a_4、a_5、a_6 —— 不同解释变量的系数。

模型中各代理变量的含义见表 4-6。

表 4-6　　　　　　　　　　管理者风险偏好解释变量

序号	影响因子	代理变量	变量定义	变量系数
1	性别	管理者性别	MG	a_1
2	人生阅历	管理者年龄	MA	a_2
3	管理经验	管理者任职期限	MT	a_3
4	知识背景	管理者最高学历	ME	a_4
5	个人财富	管理者年收入的对数	MPW	a_5
6	风险资产	管理者持股比例	MRA	a_6
7	风险偏好滞后一阶变量	管理者风险偏好程度滞后一阶变量	MRP_{t-1}	a_7
8	其他"观测不到"的影响因子	随机误差项	ε	

（3）修正计量模型

为了进一步验证结论的稳定性，我们对基础计量模型进行了修正。

考虑到风险偏好是管理者的内生变量，受管理者个体非理性（"感性"）因素影响较大，但是这些"感性"因素难以量化，难以反映在模型中，并且作为感性因子，管理者过去的风险经历可能会对当前的风险决策产生影响。因此，我们在管理者风险偏好基础计量模型（式（4.9））中，加入一个风险偏好滞后一阶变量作为解释变量，以进一步检验结论的稳定性。具体修正计量模型如下：

$$MRP_{i,t} = a_0 + a_1 MG_{i,t} + a_2 MA_{i,t} + a_3 MT_{i,t} + a_4 ME_{i,t} + a_5 MPW_{i,t} + a_6 MRA_{i,t} + a_7 MRP_{i,t-1} + \varepsilon_{i,t} \tag{4.10}$$

模型中各变量的含义见表4-6。

4.2.4 实证研究结果及分析

（1）样本选取

①样本时间区间

风险偏好是建立在管理者个体特征的基础之上的，而我国的社会主义市场经济至今仍处于完善之中，还没有建立起真正的现代企业治理结构。因此，本节选取2000—2009年我国上市公司的相关数据为样本进行管理者风险偏好实证研究，使样本具有更广泛的代表性。

②"管理者"的范围

鉴于在企业战略、经营决策中的核心地位和重要作用，本节将"管理者"的研究范围界定为上市公司董事长和总经理两个岗位，其余副职、助理等都不包含在内，力求更准确地反映高层管理者在企业决策中的实际情况。

③数据来源

本节所有样本数据全部来自"国泰安数据库（www.gtarsc.cn）"。

④数据处理工具

本节数据处理除采用Microsoft Office 2000之外，样本数据筛选、分析结论都采用美国计算机资源中心（Computer Resource Center）研制的统计分析软件Stata 6.0。

⑤样本

本节的原始数据是从锐思数据库下载的我国非金融类上市公司及管

理者 2000—2009 年全部相关数据信息。针对不同的模型，我们筛选出下面两类样本：

第一，基础计量模型样本。

参考计量模型（式（4.9）），经初步筛选处理，剔除数据丢失及时间序列非连续（为保证样本具有滞后一阶数据，要求样本至少具有两年以上数据）等样本，实际得到样本总数 1 238 个。为了更全面客观地比较、分析、验证研究结论，提高结论的稳定性和准确性，我们从管理者职权和数据连续性两个纬度，对全样本进行了二次整理。

在我国现有的公司治理结构及公司经营中，董事长职权大于总经理，而且我们定义全样本是董事长与总经理的平均水平，因此本节首先按照管理者职权从大到小，将研究样本分为董事长样本、全样本、总经理样本，并定义董事长样本集合为"高职权样本"、包含董事长和总经理的全样本集合为"中职权样本"、总经理样本集合为"低职权样本"；其次，样本时间序列连续性选取大于等于 2 和大于等于 3 两类（样本时间序列连续性大于等于 4 时，样本容量过少，不具有代表性，这里不做讨论）。综合以上从两个纬度进行样本分类，最终得到 6 组性质不同的样本（见表 4-7）。样本整理过程中，当一个样本的变量在同一时期有两个或两个以上数据时，直接取其平均值。

表 4-7　　　　　　　　　基础计量模型样本表

样本名称	样本管理者范围	样本数量	样本标准
样本 1	董事长	646	时间序列连续性大于等于 2
样本 2	董事长	496	时间序列连续性大于等于 3
样本 3	董事长+总经理	936	时间序列连续性大于等于 2
样本 4	董事长+总经理	756	时间序列连续性大于等于 3
样本 5	总经理	560	时间序列连续性大于等于 2
样本 6	总经理	410	时间序列连续性大于等于 3

第二，修正计量模型样本。

参考修正计量模型（式（4.10）），筛选整理样本数据，得到表 4-8 所示的 6 组修正模型样本。

表 4-8　　　　　　　　**修正计量模型样本表**

样本名称	样本管理者范围	样本数量	样本标准
样本 7	董事长	439	时间序列连续性大于等于 2
样本 8	董事长	364	时间序列连续性大于等于 3
样本 9	董事长+总经理	650	时间序列连续性大于等于 2
样本 10	董事长+总经理	560	时间序列连续性大于等于 3
样本 11	总经理	377	时间序列连续性大于等于 2
样本 12	总经理	302	时间序列连续性大于等于 3

（2）研究变量的描述性统计

利用 Stata 6.0 统计分析软件，将基础计量模型样本表中的 6 组样本（见表 4-7）依次代入基础计量模型（式（4.9）），进行基于基础计量模型的管理者风险偏好计量实证研究。

表 4-9、表 4-10、表 4-11 分别列示了高、中、低三种职权样本研究变量（基础计量模型）的描述性统计。

表 4-9　　　　　　**高职权样本研究变量的描述性统计**

Variable	Obs	Mean	Std. Dev.	Min	Max
MG	646	0.9628	0.1893	0.0000	1.0000
MA	646	51.3855	7.2017	34.0000	71.0000
MT	646	20.4242	14.7194	1.0000	228.0000
ME	646	3.2647	0.9415	1.0000	5.0000
MPW	646	7.2529	1.4395	4.6400	10.4900
MRA	646	10.5634	14.8658	0.0000	69.1100
MRP	646	0.7552	0.3195	0.0100	1.0000

表 4-10　　　　　中职权样本研究变量的描述性统计

Variable	Obs	Mean	Std. Dev.	Min	Max
MG	936	0.9338	0.2488	0.0000	1.0000
MA	936	48.3686	6.9604	28.0000	67.0000
MT	936	20.1133	12.4507	1.0000	95.0000
ME	936	3.4647	0.8695	1.0000	5.0000
MPW	936	6.8492	1.3464	4.4700	10.4900
MRA	936	6.5098	12.5706	0.0000	69.1100
MRP	936	0.6746	0.3441	0.0000	1.0000

表 4-11　　　　　低职权样本研究变量的描述性统计

Variable	Obs	Mean	Std. Dev.	Min	Max
MG	560	0.9286	0.2578	0.0000	1.0000
MA	560	46.2571	6.1153	28.0000	64.0000
MT	560	20.3375	12.1725	1.0000	95.0000
ME	560	3.4714	0.8725	1.0000	5.0000
MPW	560	6.5846	1.1445	4.4700	9.5600
MRA	560	2.4983	5.9312	0.0000	44.4100
MRP	560	0.6324	0.3501	0.0000	1.0000

①管理者性别（MG）

从表 4-9 至表 4-11 中可以看出，高职权样本性别均值为 0.9628 最大；中职权样本为 0.9338 次之；低职权样本为 0.9286，为三者中最小。这说明，就总体水平而言，我国上市公司高层管理者男性占绝对多数，女性高管非常少；其次，随着高管职位的升高，女性比例呈现下降趋势。这种公司高层管理者男性占据绝对主导地位的现状，与我国长久以来形成的传统的"女主内、男主外"的男权社会文化背景相

85

一致。

②管理者年龄（MA）

从表4-9至表4-11中可以看出，管理者年龄结构特征非常明显。高职权样本、中职权样本、低职权样本年龄均值分别为51.3855、48.3686、46.2571；年龄变量的标准差依次为7.2017、6.9604、6.1153；年龄极大值和极小值取值依次为[34，71]、[28，67]、[28，64]。因此，无论从管理者年龄的平均值、离散程度，还是分布区间分析，从总经理到董事长，随着职权的增大，管理者年龄都在增大。这与我国公司管理者从低到高的职位升迁路径相一致。

③管理者任职期限（MT）

从表4-9至表4-11中可以看出，高职权样本、中职权样本、低职权样本任职期限变量的统计均值分别为20.4242、20.1133、20.3375，标准差分别为14.7194、12.4507、12.1725，极小值（1、1、1）差别很小，只有极大值（228、95、95）存在差别，经考察原始数据属于变异值，这里剔除不做考虑。因此，我国上市公司高层管理者具有相对稳定的平均任职期限，且保持在一年零八个月的水平上。

④管理者最高学历（ME）

从表4-9至表4-11中可以看出，高职权样本、中职权样本、低职权样本学历变量均值分别为3.2647、3.4647、3.4714，其他统计变量值则相当，即管理者的最高学历平均水平介于大学本科和硕士研究生之间，且在本章学历定义区间[1，5]内，均值差异很小。因此，我国上市公司高层管理者知识背景基本相当，最高学历水平差别并不明显，平均水平为大学本科偏上。

⑤管理者个人财富（MPW）

从表4-9至表4-11中可以看出，关于管理者个人财富的代理变量——管理者年收入的对数，高职权样本、中职权样本、低职权样本的各个统计值（均值7.2529、6.8492、6.5846，标准差1.4395、1.3464、1.1445，极小值4.64、4.47、4.47，极大值10.49、10.49、9.56）基本相同，没有明显差异。这说明我国上市公司董事长和总经理个人收益基本相同，个人财富差异不大。

⑥管理者风险资产（MRA）

从表 4-9 至表 4-11 中可以看出，关于管理者风险资产的代理变量——管理者持股比例，高职权样本、中职权样本、低职权样本的各个统计值分别为：均值 10.5634、6.5098、2.4983，标准差 14.8658、12.5706、5.9312，极小值 0.00、0.00、0.00，极大值 69.11、69.11、44.41。因此，我国上市公司高层管理者职权越大，职位越高，越持有更多的本公司股票；同时，高层管理者持股比例相差悬殊，董事长平均持股达到总经理的 4 倍，这间接反映了董事长在我国上市公司中的强势地位和重要作用。

⑦管理者风险偏好程度（MRP）

从表 4-9 至表 4-11 中可以看出，高职权样本、中职权样本、低职权样本的风险偏好均值分别为 0.7552、0.6746、0.6324，都大于中间值 0.5000，且呈现递减的阶梯状分布。这说明我国上市公司高层管理者普遍风险偏好程度较大，且随着职权的增大，风险偏好程度增加。

（3）变量的相关性分析

表 4-12、表 4-13、表 4-14 列示了研究变量（基础计量模型）两两之间 Pearson 相关性分析结果。

表 4-12　　　　高职权样本变量的 Pearson 相关系数

Variable	Pearson	MG	MA	ME	MT	MRA	MPW	MRP
(1)	(2)	(3)	(4)	(5)	(6)	(7)	(8)	(9)
MG	P. C.	1						
	Sig.	0.000						
MA	P. C.	0.056	1					
	Sig.	0.155	0.000					
ME	P. C.	−0.032	−0.329**	1				
	Sig.	0.421	0.000	0.000				
MT	P. C.	0.027	0.045	0.064	1			
	Sig.	0.496	0.249	0.105	0.000			
MRA	P. C.	0.006	−0.193**	−0.057	−0.064	1		
	Sig.	0.880	0.000	0.147	0.103	0.000		
MPW	P. C.	0.011	−0.221**	−0.022	0.007	0.763**	1	
	Sig.	0.782	0.000	0.575	0.850	0.000	0.000	
MRP	P. C.	0.032	−0.158**	−0.068	0.033	0.544**	0.829**	1
	Sig.	0.421	0.000	0.085	0.396	0.000	0.000	0.000

注：*表示在 0.05 的显著性水平下显著；**表示在 0.01 的显著性水平下显著。

表 4-13　　　　　中职权样本变量的 Pearson 相关系数

Variable	Pearson	MG	MA	ME	MT	MRA	MPW	MRP
(1)	(2)	(3)	(4)	(5)	(6)	(7)	(8)	(9)
MG	P. C.	1						
	Sig.	0.000						
MA	P. C.	0.008	1					
	Sig.	0.807	0.000					
ME	P. C.	−0.238**	0.071*	1				
	Sig.	0.000	0.029	0.000				
MT	P. C.	0.090**	0.013	0.023	1			
	Sig.	0.006	0.693	0.489	0.000			
MRA	P. C.	−0.063	−0.008	−0.113**	−0.052	1		
	Sig.	0.052	0.818	0.001	0.109	0.000		
MPW	P. C.	−0.112**	−0.023	−0.040	0.030	0.748**	1	
	Sig.	0.001	0.485	0.223	0.359	0.000	0.000	
MRP	P. C.	−0.085**	−0.018	−0.099**	0.046	0.523**	0.824**	1
	Sig.	0.009	0.589	0.003	0.159	0.000	0.000	

注：*表示在 0.05 的显著性水平下显著；**表示在 0.01 的显著性水平下显著。

表 4-14　　　　　低职权样本变量的 Pearson 相关系数

Variable	Pearson	MG	MA	ME	MT	MRA	MPW	MRP
(1)	(2)	(3)	(4)	(5)	(6)	(7)	(8)	(9)
MG	P. C.	1						
	Sig.	0.000						
MA	P. C.	−0.102*	1					
	Sig.	0.016	0.000					
ME	P. C.	0.134**	−0.161**	1				
	Sig.	0.001	0.000	0.000				
MT	P. C.	0.019	0.137**	−0.043	1			
	Sig.	0.662	0.001	0.310	0.000			
MRA	P. C.	−0.258**	−0.082	−0.033	0.018	1		
	Sig.	0.000	0.053	0.432	0.663	0.000		
MPW	P. C.	−0.135**	−0.143**	0.001	0.051	0.673**	1	
	Sig.	0.001	0.001	0.972	0.229	0.000	0.000	
MRP	P. C.	−0.088*	−0.151**	−0.064	0.030	0.439**	0.808**	1
	Sig.	0.038	0.000	0.130	0.473	0.000	0.000	0.000

注：*表示在 0.05 的显著性水平下显著；**表示在 0.01 的显著性水平下显著。

表 4-12、表 4-13、表 4-14 列（3）显示，变量 MG 与其他 6 个变量的相关关系在三个样本组中都不同。在高职权和中职权样本组中，MG 与 MA、MRA 都不相关，而在低职权样本组中，MG 与 MA、MRA 都显著负相关；在高职权样本组中，MG 与 ME、MPW、MRP 都不相关，而在中职权、低职权样本组中，MG 与 ME、MPW、MRP 都显著相关，但他们相关性的显著性水平和正负向不同；在高职权和低职权样本组中，MG 与 MT 不相关，而在中职权样本组中，MG 与 MT 在 1% 的显著性水平下显著正相关。

表 4-12、表 4-13、表 4-14 列（4）显示，变量 MA 与其他 5 个变量的相关性比较复杂。在高、中、低三个职权样本组中，MA 与 ME 都显著相关，只是显著性水平和正负向不同；在高职权和中职权样本组中，MA 与 MT 不相关，而在低职权样本组中，MA 与 MT 显著正相关；在高职权样本组中，MA 与 MRA 在 1% 的显著性水平下显著负相关，而在中职权、低职权样本组中，MA 与 MRA 都不相关；在高职权和低职权样本组中，MA 与 MPW、MRP 都在 1% 的显著性水平下显著负相关，而在中职权样本组中，MA 与 MPW、MRP 都不相关。

表 4-12、表 4-13、表 4-14 列（5）显示，在高、中、低三个职权样本组中，变量 ME 与 MT、MPW 都不相关；在高职权和低职权样本组中，ME 与 MRA、MRP 都不相关，但在中职权样本组，ME 与 MRA、MRP 都在 1% 的显著性水平下负相关。

表 4-12、表 4-13、表 4-14 列（6）、（7）、（8）显示，在高、中、低三个职权样本组中，变量 MT 与 MRA、MPW、MRP 都不相关，变量 MRA 与 MPW、MRA 与 MRP、MPW 与 MRP 都在 1% 的显著性水平下显著正相关。

（4）基础计量模型实证研究结果

表 4-15 显示了基础计量模型相对于 6 组样本（样本 1 到 6）的总体回归分析结果。其中，调整后的 R^2 值（拟合优度）最大为 0.7311，最小为 0.6654；F 值最大为 348.28，最小为 136.55。这表明本节构建的管理者风险偏好基础计量模型，在总体上通过了全部样本的显著性检验，因此模型设定有效。

表 4-15　　　　　　　　基础计量模型回归分析结果

解释变量 \ 样本	序号	高职权样本		中职权样本		低职权样本	
		样本 1	样本 2	中样本 3	中样本 4	样本 5	样本 6
MG	(1)	0.03370	0.05290	0.00148	0.01690	−0.00910	0.00742
	(2)	(−0.94)	(−1.3)	(−0.06)	(−0.62)	(−0.27)	(−0.2)
MA	(3)	−0.00011	−0.00142	−0.00147	−0.00123	−0.00264	−7.9E−05
	(4)	(−0.10)	(−1.25)	(−1.56)	(−1.18)	(−1.84)	(−0.05)
MT	(5)	0.000341	8.69E−05	0.000114	2.25E−05	−0.00031	−0.00045
	(6)	(−0.73)	(−0.18)	(−0.22)	(−0.04)	(−0.44)	(−0.58)
ME	(7)	−0.0202**	−0.0329***	−0.0333***	−0.0321***	−0.0315**	−0.0229*
	(8)	(−2.60)	(−3.88)	(−4.46)	(−4.00)	(−3.20)	(−2.03)
MPW	(9)	0.220***	0.235***	0.253***	0.260***	0.286***	0.293***
	(10)	(−29.71)	(−27.64)	(−36.07)	(−32.39)	(−28.47)	(−23.97)
MRA	(11)	−0.0046***	−0.0059***	−0.0067***	−0.0076***	−0.0118***	−0.0130***
	(12)	(−6.45)	(−6.73)	(−8.95)	(−8.39)	(−5.96)	(−5.10)
_cons	(13)	−0.758***	−0.769***	−0.829***	−0.897***	−0.976***	−1.182***
	(14)	(−8.24)	(−7.57)	(−10.50)	(−10.21)	(−8.84)	(−9.08)
F 值	(15)	260.28	225.28	348.28	277.84	196.31	136.55
调整后的 R^2 值	(16)	0.7069	0.7311	0.6903	0.6875	0.6770	0.6654
N	(17)	646	496	936	756	560	410

注：括号内为 T 值，*表示在 0.05 的显著性水平下显著，**表示在 0.01 的显著性水平下显著，***表示在 0.001 的显著性水平下显著。

①管理者性别（MG）与风险偏好

在表 4-15 行（1）中，管理者性别变量的回归系数，样本 5 的符号为负（−0.00910），其余 5 组样本的符号虽然均为正，但是它们都未通过显著性检验；在行（2）中，6组样本T值的绝对值都小于2。以上回归结果表明，高职权样本、中职权样本、低职权样本6组样本都证实，管理者性别与管理者风险偏好程度之间不存在显著的相关关系。

②管理者年龄（MA）与风险偏好

在表4-15行（3）中，6组样本的管理者年龄变量的回归系数符号都是负的，表示管理者年龄与管理者风险偏好程度为反向变动关系，但是都未通过显著性检验；在行（4）中，6组样本T值的绝对值都小于2。以上回归结果表明，高职权样本、中职权样本、低职权样本6组样本都证实，管理者年龄与管理者风险偏好程度之间不存在显著的相关关系。

③管理者任职期限（MT）与风险偏好

在表4-15行（5）中，管理者任职期限变量的回归系数，样本5和样本6的回归系数符号为负，表示管理者任职期限与管理者风险偏好程度是反向变动关系，样本1、2、3、4的回归系数符号为正，但是它们都未通过显著性检验。以上回归结果表明，高职权样本、中职权样本、低职权样本6组样本都证实，管理者任职期限与管理者风险偏好程度之间不存在显著的相关关系。

④管理者最高学历（ME）与风险偏好

在表4-15行（7）中，6组样本管理者最高学历变量的回归系数依次为-0.0202、-0.0329、-0.0333、-0.0321、-0.0315、-0.0229，都是负数，表示管理者最高学历与管理者风险偏好程度是反向变动关系；在行（8）中，6组样本T值的绝对值都大于2，表示均通过了显著性检验。以上回归结果表明，高职权样本、中职权样本、低职权样本6组样本的结论一致，即管理者最高学历与管理者风险偏好程度之间存在显著的负相关关系。

⑤管理者个人财富（MPW）与风险偏好

在表4-15行（9）中，6组样本管理者个人财富的代理变量——年收入的对数的回归系数依次为0.220、0.235、0.253、0.260、0.286、0.293，都是正数，表示管理者个人财富与管理者风险偏好程度是正向变动关系；在列（10）中，6组样本T值的绝对值都远大于2，表示均通过了显著性检验。以上回归结果表明，高职权样本、中职权样本、低职权样本6组样本的结论一致，即管理者个人财富与管理者风险偏好程度之间存在显著的正相关关系。

⑥管理者风险资产（MRA）与风险偏好

在表4-15行（11）中，6组样本管理者风险资产的代理变量——持股比例的回归系数依次为-0.0046、-0.0059、-0.0067、-0.0076、-0.0118、-0.0130，都是负数，表示管理者风险资产与管理者风险偏好程度是反向变动关系；在行（12）中，6组样本T值的绝对值都明显大于2，表示均通过了显著性检验。以上回归结果表明，高职权样本、中职权样本、低职权样本6组样本的结论一致，即管理者风险资产与管理者风险偏好程度之间存在显著的负相关关系。

综合上述回归分析结果，相对于管理者风险偏好基础计量模型，无论管理者是高职权的董事长，还是低职权的总经理，或者是介于两者之间的中职权管理层，管理者的性别、年龄和任职期限都与管理者风险偏好程度没有显著的相关关系；而管理者最高学历、个人财富和风险资产则与管理者风险偏好程度存在显著的相关关系。因此，我们初步认定，管理者风险偏好程度分别随管理者知识背景、风险资产的增加而减小，随个人财富的增加而增大，而与管理者性别、人生阅历、管理经验无关。

（5）修正计量模型实证研究结果

与基础计量模型相比，管理者风险偏好修正计量模型只是增加了一个解释变量——管理者风险偏好程度滞后一阶变量 MRP_{t-1}。修正计量模型在考虑管理者性别、年龄、任职期限、最高学历、年收入的对数、持股比例6个变量的基础上，将管理者风险偏好程度滞后一阶变量纳入本期的风险偏好计量，进一步验证了风险偏好计量模型的正确性。

表4-16显示了管理者风险偏好修正计量模型相对于6组样本（样本7到12）的总体回归检验结果。其中，调整后的 R^2 值（拟合优度）最大为0.8665，最小为0.8050；F值最大为416.28，最小为178.46。这表明本书构建的管理者风险偏好修正计量模型在总体上通过了全部样本的显著性检验，因此模型设定有效。

表 4-16　　　　　　　　修正计量模型回归分析结果

解释变量	序号	高职权样本		中职权样本		低职权样本	
		样本 7	样本 8	样本 9	样本 10	样本 11	样本 12
MG	(1)	0.00499	−0.00033	0.00669	0.00874	0.01410	0.01280
	(2)	(−0.16)	(−0.01)	(−0.3)	(−0.36)	(−0.47)	(−0.4)
MA	(3)	0.00039	0.00019	−0.00021	−0.00028	−0.00162	−0.00130
	(4)	(−0.44)	(−0.21)	(−0.24)	(−0.29)	(−1.24)	(−0.86)
MT	(5)	0.00038	−0.00011	−0.00013	−9.1E-05	−0.00039	−0.00030
	(6)	(−0.77)	(−0.22)	(−0.28)	(−0.19)	(−0.64)	(−0.46)
ME	(7)	−0.00182	−0.00723	−0.00717	−0.00938	−0.00692	−0.00458
	(8)	(−0.27)	(−1.01)	(−1.04)	(−1.26)	(−0.77)	(−0.46)
MPW	(9)	0.0625***	0.0790***	0.0880***	0.1040***	0.0825***	0.1060***
	(10)	(−6.42)	(−7.48)	(−9.06)	(−9.54)	(−5.72)	(−6.23)
MRA	(11)	−0.0017**	−0.0024**	−0.0030***	−0.0038***	−0.0045*	−0.0062**
	(12)	(−2.64)	(−3.28)	(−4.14)	(−4.36)	(−2.36)	(−2.59)
MRP$_{t-1}$	(13)	0.699***	0.677***	0.656***	0.621***	0.693***	0.649***
	(14)	(−21.6)	(−20)	(−23.15)	(−20.18)	(−18.51)	(−15.13)
_cons	(15)	−0.225**	−0.283**	−0.306***	−0.379***	−0.220*	−0.375**
	(16)	(−2.68)	(−3.21)	(−3.93)	(−4.40)	(−1.97)	(−2.85)
F 值	(17)	360.08	337.67	416.28	340.45	241.91	178.46
调整后的 R²值	(18)	0.8516	0.8665	0.8175	0.8096	0.8177	0.8050
N	(19)	439	364	650	560	377	302

注：括号内为 T 值，*表示在 0.05 的显著性水平下显著，**表示在 0.01 的显著性水平下显著，***表示在 0.001 的显著性水平下显著。

①修正计量模型管理者性别与风险偏好

在表 4-16 行（1）中，管理者性别变量的回归系数，样本 8 为 -0.00033，是负数，表示性别与风险偏好程度是反向变动关系，样本 7、样本 9、样本 10、样本 11、样本 12 为正数，它们都未通过显著性检验；在行（2）中，6 组样本 T 值的绝对值都明显小于 2。以上分析表明，高职权、中职权、低职权 6 组不同样本都证明，管理者性别与管理者风险偏好程度之间不存在显著的相关关系。

②修正计量模型管理者年龄与风险偏好

在表 4-16 行（3）中，管理者年龄变量的回归系数，样本 7、样本 8 都是正数，表示年龄与风险偏好程度是正向变动关系，样本 9、样本 10、样本 11、样本 12 都是负数，它们都未通过显著性检验；在行（4）中，6 组样本 T 值的绝对值都小于 2。以上分析表明，高职权、中职权、低职权 6 组不同样本都证明，管理者年龄与管理者风险偏好程度之间不存在显著的相关关系。

③修正计量模型管理者任职期限与风险偏好

在表 4-16 行（5）中，管理者任职期限变量的回归系数，样本 8、样本 9、样本 10、样本 11、样本 12 都是负数，表示任职期限与风险偏好程度是反向变动关系，样本 7 为正数，它们未通过显著性检验；在行（6）中，6 组样本 T 值的绝对值都小于 2。以上分析表明，高职权、中职权、低职权 6 组不同样本都证明，管理者任职期限与管理者风险偏好程度之间不存在显著的相关关系。

④修正计量模型管理者最高学历与风险偏好

在表 4-16 行（7）中，管理者最高学历变量的回归系数依次为 -0.0182、-0.0723、-0.00717、-0.00938、-0.00692、-0.00458，都是负数，表示管理者最高学历与管理者风险偏好程度是反向变动关系；在行（8）中，6 组样本 T 值的绝对值都小于 2，均未通过显著性检验。以上分析表明，高职权、中职权、低职权 6 组不同样本都证明，管理者最高学历与管理者风险偏好程度之间不存在显著的相关关系。

⑤修正计量模型管理者个人财富与风险偏好

在表 4-16 行（9）中，管理者个人财富的代理变量——年收入的对数的回归系数依次为 0.0625、0.0790、0.0880、0.1040、0.0825、0.1060，都是正数；在行（10）中，6 组样本的 T 值依次为 -6.42、-7.48、-9.06、-9.54、-5.72、-6.23，绝对值都远大于 2，表示管理者个人财富与管理者风险偏好程度是正向变动关系，且均通过了显著性检验。上述分析证明，高职权、中职权、低职权 6 组不同样本都证明，管理者个人财富与管理者风险偏好程度之间存在显著的正相关关系。

⑥修正计量模型管理者风险资产与风险偏好

在表 4-16 行（11）中，管理者风险资产的代理变量——持股比例的回归系数依次为 -0.0017、-0.0024、-0.0030、-0.0038、-0.0045、-0.0062，都是负数；在行（12）中，6 组样本的 T 值依次为 -2.64、-3.28、-4.14、-4.36、-2.36、-2.59，绝对值都大于 2，表示管理者风险资产与管理者风险偏好程度是反向变动关系，且均通过了显著性检验。上述分析表明，高职权、中职权、低职权 6 组不同样本都证明，管理者风险资产与管理者风险偏好程度之间存在显著的负相关关系。

本节管理者风险偏好修正计量模型实证研究，在所有高职权样本、中职权样本、低职权样本回归结论中，我们得出同样的结论，管理者风险偏好滞后变量与风险偏好程度存在显著的正相关关系（见表 4-16 行（13）、行（14）），表明管理者前期的风险偏好程度对后期的风险偏好程度影响显著，具有明显的正向强化作用。

综合修正计量模型的实证分析结果，对于高职权的董事长样本、低职权的总经理样本，以及介于两者之间的中职权管理层样本，管理者性别、年龄、任职期限、最高学历都和管理者风险偏好程度没有显著的相关关系；管理者个人财富、风险资产和风险偏好的滞后变量则与管理者风险偏好程度存在显著的相关关系。因此，本部分的研究结论是，管理者风险偏好程度随管理者风险资产的增加而减小，随个人财富的增加而增大，而与管理者性别、年龄、任职期限以及最高学历无关。

（6）研究结果分析

本节在回顾风险偏好计量已有研究文献的基础上，构建了管理者风险偏好的基础计量模型和修正计量模型两个研究模型；以我国上市公司2000—2009 年高层管理者的信息为基础，筛选出了分别归类于高职权管理者、中职权管理者、低职权管理者的 12 组不同样本群体；利用 Stata 统计分析软件，分别完成了 12 个回归分析的实证研究，并对研究结果进行了逐一分析。

所有样本的实证研究一致表明，管理者性别、年龄、任职期限都和风险偏好不存在显著的相关关系，说明对于我国上市公司的管理者，其风险偏好程度普遍不受管理者性别、年龄和任职时间长短的影响。也许这一结论受我国上市公司高级管理者绝大多数为男性、任职时间普遍较短、样本过度集中等非客观因素的影响，不过这并不影响我国上市公司管理者风险偏好研究剔除管理者性别、年龄、任职期限等影响因素。

本节基于基础计量模型前 6 组样本的结论都表明，管理者最高学历与其风险偏好存在显著的负相关关系，即管理者学历越高，其风险偏好程度越低；但基于修正计量模型后 6 组样本的结论却表明，管理者最高学历与其风险偏好程度不存在显著的相关关系。这说明管理者最高学历对管理者风险偏好的影响并不稳定，只有更多的约束条件才有可能使其保持稳定。

本节所有样本的实证研究结论一致表明，管理者个人财富越多，其风险偏好程度越高。稳定的一致性研究结论表明，管理者个人财富状况与管理者风险偏好的关系密切，是管理者风险偏好的重要影响因素。

本节所有样本的实证研究结论一致表明，管理者风险资产越多，其风险偏好程度越低。这充分表明了管理者风险资产对管理者风险偏好的重要影响和作用，也确立了其主要影响因子的地位。

因此本书在后续章节的研究中，关于管理者风险偏好，将重点关注管理者个人资产、风险资产两个影响因子。

4.3 管理者风险偏好对企业投资风险的影响研究

随着企业所有权和经营权的分离，投资者和经营者的委托代理关系不断完善，现代企业集团的规模越来越大，高层管理者个体对企业的重要作用日益明显。企业高层管理者的个性特征引起了人们更大的关注。

风险偏好作为影响管理者决策的内生因素，同时也是典型的非理性行为之一，其个性风险偏好特征通过投资决策过程的传递，对企业投资风险产生影响。因此，企业管理者风险偏好与投资决策联系密切，管理者风险偏好特质直接影响到其决策行为，进而影响到企业投资风险。

4.3.1 研究问题及思路

（1）研究问题

由于风险广泛存在于社会的各个领域，因此风险概念的出现要远早于偏好。与现代含义比较接近的经济学意义上的"风险"一词，源自美国经济学家 Frank Knight，1921 年，他在《风险、不确定性及利润》一书中定义风险为"可度量的不确定性"。之后，经过 Markowitz、Rosenbloom、Williams、Mowbray 等一代又一代学者的努力，风险的概念不断被注入新的元素，风险的内涵也越来越趋于完善。《韦氏国际词典》（Webster's International Dictionary）定义，"风险"是指会导致损失或伤害的冒险或意外事件。

"风险偏好"一词的出现源自行为金融学和实验经济学的快速发展。与风险相比，经济学意义的"偏好"一词则出现较晚，一般是指行为主体（决策者）在特定条件下对决策事项的价值判断或趋向。1952年，著名学者 Markowitz 最早提出"风险偏好"。一般认为，风险偏好是指行为主体在进行决策的过程中所表现出来的对风险的喜好程度。

管理者风险偏好对投资风险的影响关系研究作为一个新兴的研究领域，还处在初期的摸索阶段，有待进一步发展和完善。因为证券投资具有高风险、高收益、短周期的特征，中外学者最先在风险投资领域注意到了管理者对投资风险成败的重要作用。学者 Roll 注意并尝试分析了并购中"并购方一般不能受益"的管理者的非完全理性行为。我国学者郑安国、赵德武等明确提出了决策者风险偏好对投资的重要影响。

（2）研究思路

风险偏好是典型的管理者非理性行为之一，是管理者与生俱来的自身特质。不同的管理者，其风险偏好程度并不相同。通常一个企业管理者，如果喜好风险，愿意承担更大的风险以换得博取更大利益的机会，我们就说他的风险偏好程度高；如果管理者决策时比较保守，不愿意承担风险，更喜欢选择低风险的选项，我们就说他风险偏好程度低。由于风险偏好对风险的高度敏感性，在管理者投资决策过程中，必然发挥着不可忽视的作用，从而不可避免地增加或者减少投资的不确定性，影响公司的投资风险。

本节首先借助管理者风险偏好计量研究的成果，选取合适的代理变量量化管理者风险偏好和企业投资风险，构建基于格兰杰因果关系检验的研究模型，选取、筛选研究样本，完成样本数据序列的单位根检验和格兰杰因果关系检验，实证研究管理者风险偏好与投资风险的相互影响关系。本节的管理者专指公司高层管理者，只包括董事长和总经理。

4.3.2 变量选择及模型构建

（1）管理者风险偏好计量

本书4.2.4节管理者风险偏好基础计量模型实证研究结论表明，在已知的影响因素中，管理者性别、年龄和任职期限都和管理者风险偏好程度没有显著的相关关系；而管理者知识背景、个人财富和风险资产状况则与管理者风险偏好程度存在显著的相关关系。因此，我们对式（4.9）进行整理归类，转化为式（4.11）。也就是将已经经过实证验证，证明与管理者风险偏好相关的因子 ME、MPW、MRA 与它们系数乘积之和定义为 $\mu_{i,t}$；将其余变量及截距、残差项之和定义为 λ。

$$
\begin{aligned}
MRP_{i,t} &= a_0 + a_1 MG_{i,t} + a_2 MA_{i,t} + a_3 MT_{i,t} + a_4 ME_{i,t} + a_5 MPW_{i,t} + a_6 MRA_{i,t} + \varepsilon_{i,t} \\
&= (a_4 ME_{i,t} + a_5 MPW_{i,t} + a_6 MRA_{i,t}) + (a_0 + a_1 MG_{i,t} + a_2 MA_{i,t} + a_3 MT_{i,t} + \varepsilon_{i,t}) \quad (4.11) \\
&= \mu_{i,t} + \lambda
\end{aligned}
$$

式中： $MG_{i,t}$ —— i 公司第 t 期管理者性别；

$MA_{i,t}$ —— i 公司第 t 期管理者年龄；

$MT_{i,t}$ —— i 公司第 t 期管理者任职期限；

$ME_{i,t}$ —— i 公司第 t 期管理者最高学历；

$MPW_{i,t}$ —— i 公司第 t 期管理者个人财富；

$MRA_{i,t}$ —— i 公司第 t 期管理者风险资产；

a_0——截距项；

$\varepsilon_{i,t}$——残差项；

a_1、a_2、a_3、a_4、a_5、a_6——不同解释变量的系数。

$$\mu_{i,t} = a_4 ME_{i,t} + a_5 MPW_{i,t} + a_6 MRA_{i,t}$$
$$\lambda = a_0 + a_1 MG_{i,t} + a_2 MA_{i,t} + a_3 MT_{i,t} + \varepsilon_{i,t}$$

在式（4.11）中，λ 所包含的内容，MG、MA、MT 已经被证明与管理者风险偏好没有显著关系，a_0 属于模型的截距项，是常数，$\varepsilon_{i,t}$ 是模型的残差项，虽然也影响管理者风险偏好，但这种影响我们主观很难准确地发现、观测甚至计量。很显然，在已知范围内，λ 对 MRP 的影响力非常有限；而 $\mu_{i,t}$ 所包含的内容被证明与 MRP 影响关系密切。因此，为了更好地描述管理者风险偏好的变化，在本节的研究中我们选择忽略 λ，直接用 $\mu_{i,t}$ 来代表管理者风险偏好。

参照本书 4.2.4 节的研究结论，高职权样本、中职权样本、低职权样本的管理者风险偏好计量公式分别简化为：

$$MRP_{i,t} = -0.976 - 0.0315 ME_{i,t} + 0.286 MPW_{i,t} - 0.0118 MRA_{i,t} \tag{4.12}$$

$$MRP_{i,t} = -0.829 - 0.0333 ME_{i,t} + 0.253 MPW_{i,t} - 0.0067 MRA_{i,t} \tag{4.13}$$

$$MRP_{i,t} = -0.758 - 0.0202 ME_{i,t} + 0.220 MPW_{i,t} - 0.0046 MRA_{i,t} \tag{4.14}$$

（2）企业投资风险计量

我们选用取得广泛认可的方差风险计量法，以一个会计周期四个季度收益的标准离差率来计量投资风险，并将它定义为 EIR，计算公式同式（4.3）。

（3）模型构建及研究假设

本节参照前文格兰杰因果关系检验研究方法，定义模型中被解释变量滞后变量的系数为常量，构建管理者风险偏好与企业投资风险的格兰杰因果关系检验模型，即式（4.15）与式（4.16）。

$$EIR_t = \alpha_1 + \sum_{i=1}^{p} \alpha_{1i} MRP_{t-i} + \sum_{i=1}^{p} \beta_{1i} EIR_{t-i} + \mu_{1t} \tag{4.15}$$

$$MRP_t = \alpha_2 + \sum_{i=1}^{p} \alpha_{2i} EIR_{t-i} + \sum_{i=1}^{p} \beta_{2i} MRP_{t-i} + \mu_{2t} \tag{4.16}$$

式中：EIR_t——企业投资风险原始序列的 t 期值；

EIR_{t-i}——企业投资风险原始序列滞后 i 期的值；

MRP_{t-i}——管理者风险偏好原始序列滞后 i 期的值；

α_{1i}、β_{1i}、α_{2i}、β_{2i}——对应变量的回归系数；

p ——滞后阶数（滞后项个数）；

t ——时间序列；

μ_{1t}、μ_{2t}——残差项；

α_1、α_2——截距项。

式（4.15）隐含原假设 H_{01}：管理者风险偏好不是企业投资风险的格兰杰原因；备择假设 H_{11}：管理者风险偏好是企业投资风险的格兰杰原因。式（4.15）模型的检验原理：假设企业投资风险与其自身滞后值、管理者风险偏好的滞后值都有关，将实证数据带入模型，如果回归结果表明企业投资风险的系数和显著异于零，则证明原假设不成立，备择假设成立，即管理者风险偏好是企业投资风险的格兰杰原因。

式（4.16）隐含原假设 H_{02}：企业投资风险不是管理者风险偏好的格兰杰原因；备择假设 H_{12}：企业投资风险是管理者风险偏好的格兰杰原因。与式（4.15）的原理相同，故同理可验证假设。

通过以上两个模型的研究可能得到四种不同的检验结果：管理者风险偏好是企业投资风险的格兰杰原因、企业投资风险是管理者风险偏好的格兰杰原因、管理者风险偏好与企业投资风险是互为因果的双向格兰杰因果关系、管理者风险偏好与企业投资风险没有任何方向的格兰杰因果关系。

4.3.3　实证研究结果及分析

本节具体运用格兰杰因果关系检验的方法，实证研究管理者风险偏好与企业投资风险的影响关系。根据格兰杰因果关系检验的要求，首先对两组时间序列变量进行平稳性检验，防止非平稳序列引起的虚假回归。如果时间序列不平稳，则通过协整保证序列长期稳定的均衡关系，然后进行格兰杰因果关系检验；如果时间序列平稳，那么直接进行格兰杰因果关系检验。

（1）样本选取

本节选取我国沪深两市上市公司 2000—2009 年的数据为初选样本，并对初选样本进行了筛选和整理。

第一，直接剔除个别数据缺失以及非连续性样本（这里的非连续性样本是指连续性小于 4 年的公司样本），以保证样本一定长度的时间序列性，满足格兰杰因果关系检验对数据的要求。

第二，本节研究是高职权、中职权、低职权多样本研究，样本分类以经过初步筛选的样本为中职权样本，在此基础上，分别筛选出高职权样本（管理者公司职务为董事长或董事局主席、董事长兼总经理）与低职权样本（管理者公司职务为总经理或总裁），且后两者也同样满足样本的连续性要求（大于等于 4 年）。

第三，所有样本中同一样本同一时期有多个数据的取平均值，最终筛选出高职权、中职权、低职权三组研究样本。

本节样本数据来源于"锐思金融研究数据库（www.resset.cn）"和"国泰安数据服务中心（www.gtarsc.com）"，实证研究则采用美国 QMS 公司（Quantitative Micro Software Company）开发的经济计量软件 EViews 7（Econometrics Views 7）。

（2）变量的描述性统计

表 4-17、表 4-18、表 4-19 分别列示了高、中、低三种职权样本研究变量的描述性统计。

表 4-17　　　　高职权样本研究变量的描述性统计

Variable		ME	MPW	MRA	MRP	EIR
N	Valid	324	324	324	324	324
	Missing	0	0	0	0	0
Mean		3.18	6.6909	5.4516	1.7491	1.3443
Std. Deviation		0.97	1.3385	10.6148	0.2962	5.1477
Minimum		1.00	4.7300	0.0001	1.2274	-3.0224
Maximum		5.00	10.4900	42.8920	2.6205	61.7738

表 4-18   中职权样本研究变量的描述性统计

Variable		ME	MPW	MRA	MRP	EIR
N	Valid	519	519	519	519	519
	Missing	0	0	0	0	0
Mean		3.41	6.3854	3.1077	1.4813	1.2561
Std. Deviation		0.82	1.1422	8.0528	0.2542	4.6091
Minimum		1.00	4.6400	0.0001	1.0397	−18.1668
Maximum		5.00	10.4900	42.8920	2.3704	61.7738

表 4-19   低职权样本研究变量的描述性统计

Variable		ME	MPW	MRA	MRP	EIR
N	Valid	297	297	297	297	297
	Missing	0	0	0	0	0
Mean		3.61	6.1742	0.9407	1.3268	1.1044
Std. Deviation		0.81	0.8984	2.9842	0.1948	2.9584
Minimum		1.00	4.8800	0.0002	1.0366	−3.0399
Maximum		5.00	9.0000	17.5660	1.9132	26.6472

高职权样本、中职权样本、低职权样本的最高学历变量（ME）的均值依次为 3.18、3.41、3.61，极大值和极小值分别相同，都为 5 和 1。参照表"管理者学历量表"（见表 4-5），三组不同样本管理者的最高学历都介于大学本科和硕士研究生之间，说明我国上市公司高层管理者知识背景都在大学本科以上，相差不大。但是与高职权样本相比，低职权样本的最高学历明显要高（3.61>3.18），说明现阶段我国上市公司董事长群体的学历明显低于总经理群体，这与我国高等教育近二十年的快速发展相一致。

高职权样本、中职权样本、低职权样本的管理者个人财富

（MPW）的代理变量——年收入的对数的均值依次为 6.6909、6.3854、6.1742，高职权样本与低职权样本的个人财富差异小于 10%，其余统计变量则没有明显差异。这说明在我国上市公司内，虽然高职权群体（董事长）个人平均财富大于低职权群体（总经理），但是整个高层管理者群体总体呈现个人财富的相对平均化。

高职权样本、中职权样本、低职权样本的管理者风险资产（MRA）的代理变量——持股比例的均值依次为 5.4516、3.1077、0.9407，极小值都可视为 0，极大值前两者都是 42.8920，后者是 17.5660。显然，管理者风险资产的特征显著，不同的样本群体，风险资产差异非常明显。高职权样本（董事长）的平均风险资产超过低职权样本（总经理）5 倍多，且前者的极大值是后者的近 2.5 倍，说明我国上市公司高层管理者职权越大、职位越高，越倾向于拥有更多的风险资产。

管理者风险偏好（MRP）的描述性统计总体呈现明显的高职权高风险偏好的特征。高职权样本、中职权样本、低职权样本的均值依次是 1.7491、1.4813、1.3268，显示出高职权高均值的特征；取值区间依次是[1.2274，2.6205]、[1.0397，2.3704]、[1.0366，1.9132]，相应的区间宽度（极大值与极小值之差）是 1.3931、1.3307、0.8766，表现为高职权高区间（极值都较大）和大跨度（取值区间大）。这说明现阶段我国上市公司高层管理者普遍风险偏好程度较大，且随着职权增大，风险偏好程度在增加。

在企业投资风险（EIR）的描述性统计中，高职权样本、中职权样本、低职权样本的均值依次为 1.3443、1.2561、1.1044，极大值前两者都为 61.7738、后者为 26.6472，表明高职权管理者所在企业的投资风险无论是均值还是极大值都最大。这说明现阶段在我国上市公司，相比总经理，董事长会给企业带来更大的投资风险。

（3）单位根检验

单位根检验是检查时间序列平稳性的标准方法。目前比较常用的六种单位根检验方法分别是 ADF 检验（Augmented Dickey-Fuller Test）、DFGLS 检验（Dickey-Fuller Test with GLS）、PP 检验（Phillips-Perron

Test)、KPSS 检验（Kwiatkowski,Phillips，Schmidtand Shin Test）、ERS
检验（Elliot，Rothenbergand Stock Point Optimal Test）和 NP 检验（Ng
and Perron Test）。其中，前面三种方法由于出现较早、有前提假设，因
此在实际使用中常常要进行常数项和趋势变量项的选择；后三种方法则
克服了前三种方法的不足，使用起来更为方便。本节选择比较常见的
ADF 检验方法对高、中、低三组样本数据进行单位根检验，分别检查
它们时间序列的平稳性，结果见表 4-20 至表 4-25。

表 4-20 　　　　　高职权样本风险偏好 ADF 检验结果

Null Hypothesis：MRP has a unit root			t-Statistic	Prob.*
Augmented Dickey-Fuller Test Statistic			−5.6413	0.0000
显著性水平：	1% level	检验临界值：	−3.4506	
	5% level		−2.8703	
	10% level		−2.5715	

表 4-21 　　　　　中职权样本风险偏好 ADF 检验结果

Null Hypothesis：MRP has a unit root			t-Statistic	Prob.*
Augmented Dickey-Fuller Test Statistic			−7.0687	0.0000
显著性水平：	1% level	检验临界值：	−3.4427	
	5% level		−2.8669	
	10% level		−2.5697	

表 4-22 　　　　　低职权样本风险偏好 ADF 检验结果

Null Hypothesis：MRP has a unit root			t-Statistic	Prob.*
Augmented Dickey-Fuller Test Statistic			−4.7174	0.0001
显著性水平：	1% level	检验临界值：	−3.4524	
	5% level		−2.8711	
	10% level		−2.5720	

表 4-23　　　　　　**高职权样本投资风险 ADF 检验结果**

Null Hypothesis：EIR has a unit root			t-Statistic	Prob.*
Augmented Dickey-Fuller Test Statistic			−17.3722	0.0000
显著性水平：	1% level	检验临界值：	−3.4504	
	5% level		−2.8703	
	10% level		−2.5715	

表 4-24　　　　　　**中职权样本投资风险 ADF 检验结果**

Null Hypothesis：EIR has a unit root			t-Statistic	Prob.*
Augmented Dickey-Fuller Test Statistic			−21.3529	0.0000
显著性水平：	1% level	检验临界值：	−3.4427	
	5% level		−2.8669	
	10% level		−2.5697	

表 4-25　　　　　　**低职权样本投资风险 ADF 检验结果**

Null Hypothesis：EIR has a unit root			t-Statistic	Prob.*
Augmented Dickey-Fuller Test Statistic			−14.2366	0.0000
显著性水平：	1% level	检验临界值：	−3.4523	
	5% level		−2.8711	
	10% level		−2.5719	

表 4-20、表 4-21、表 4-22 分别为高、中、低三组职权样本管理者风险偏好（MRP）的 ADF 检验结果。结果显示，三组样本序列在 1% 的显著性水平下拒绝原假设，即它们都不存在单位根，表明三组管理者风险偏好数据都是平稳的时间序列。

表 4-23、表 4-24、表 4-25 分别为高、中、低三组职权样本企业投资风险（EIR）的 ADF 检验结果。结果显示，三组样本序列在 1% 的显著性水平下拒绝原假设，即它们都不存在单位根，表明三组企业投资

风险数据都是平稳的时间序列。

综合以上单位根检验，六组数据都是平稳的时间序列，不需要再进行协整，可以直接进行格兰杰因果关系检验。

（4）格兰杰因果关系检验结果

表 4-26、表 4-27、表 4-28 分别是高职权样本、中职权样本、低职权样本各自管理者风险偏好（A）与企业投资风险（B）的格兰杰因果关系检验结果。下面按样本类别分别加以分析说明。

表 4-26　　　　高职权样本格兰杰因果关系检验结果

滞后阶数	原假设	样本容量	F 统计量	概率值（P 值）
Lags：1	A does not Granger Cause B	323	7.06784	0.0082
	B does not Granger Cause A	323	0.12339	0.7256
Lags：2	A does not Granger Cause B	322	3.89357	0.0214
	B does not Granger Cause A	322	0.08747	0.8163
Lags：3	A does not Granger Cause B	321	2.97950	0.0317
	B does not Granger Cause A	321	1.70618	0.1657

表 4-27　　　　中职权样本格兰杰因果关系检验结果

滞后阶数	原假设	样本容量	F 统计量	概率值（P 值）
Lags：1	A does not Granger Cause B	518	7.99951	0.0049
	B does not Granger Cause A	518	0.12992	0.7187
Lags：2	A does not Granger Cause B	517	4.66275	0.0098
	B does not Granger Cause A	517	1.48685	0.2271
Lags：3	A does not Granger Cause B	516	3.13064	0.0254
	B does not Granger Cause A	516	2.31736	0.1748

表 4-28　　　　低职权样本格兰杰因果关系检验结果

滞后阶数	原假设	样本容量	F 统计量	概率值（P 值）
Lags：1	A does not Granger Cause B	296	0.13298	0.7156
	B does not Granger Cause A	296	0.31503	0.5750
Lags：2	A does not Granger Cause B	295	0.28024	0.7558
	B does not Granger Cause A	295	0.16632	0.8469
Lags：3	A does not Granger Cause B	294	0.33041	0.8034
	B does not Granger Cause A	294	0.53513	0.6586

①高职权样本、中职权样本检验结果

高、中职权样本的基本特征具有相同的检验结论。

在表 4-26 和表 4-27 中，针对不同的滞后阶数，原假设 H_{01}（管理者风险偏好不是企业投资风险的格兰杰原因，A does not Granger Cause B）的 P 值分别为：0.0082、0.0214、0.0317、0.0049、0.0098、0.0254，都远小于显著性检验标准 10%，结果显著，即检验结果拒绝原假设 H_{01}，接受备择假设 H_{11}：管理者风险偏好是企业投资风险的格兰杰原因。该检验结果表明，对于高职权样本和中职权样本，管理者风险偏好是企业投资风险的格兰杰原因。

同理，原假设 H_{02}（企业投资风险不是管理者风险偏好的格兰杰原因，B does not Granger Cause A）的 P 值分别为：0.7256、0.8163、0.1657、0.7187、0.2271、0.1748，这些值都大于最大的显著性检验标准 10%，结果不显著，即检验结果接受原假设 H_{02}。该检验结果表明，对于高职权样本和中职权样本，企业投资风险不是管理者风险偏好的格兰杰原因。

②低职权样本检验结果

在表 4-28 中，原假设 H_{01}（管理者风险偏好不是企业投资风险的格兰杰原因，A does not Granger Cause B）和原假设 H_{02}（企业投资风险不是管理者风险偏好的格兰杰原因，B does not Granger Cause A）的 P

值分别为：0.7156、0.7558、0.8034 和 0.5750、0.8469、0.6586，都不显著，即检验结果接受原假设 H_{01} 和 H_{02}。该检验结果表明，对于低职权样本群体，管理者风险偏好不是企业投资风险的格兰杰原因，同时企业投资风险也不是管理者风险偏好的格兰杰原因。

③检验结论分析

本节研究结果表明，高、中职权样本都只存在单向的格兰杰因果关系（风险偏好是投资风险的格兰杰原因），低职权样本则两个方向都不存在格兰杰因果关系。在现阶段我国的公司治理结构中，董事长居于绝对核心地位，对企业战略决策具有最高的决策权，其在企业内外部的影响力通常也远大于其他高层管理者。风险偏好作为行为主体的一个内生变量，它必然影响董事长的投资决策行为，使企业投资行为具有董事长个体风险偏好的特征，继而将这种影响传递给投资效益，使投资效益因董事长的风险偏好而发生变化，从而增强了投资效益的波动性，产生风险。因此，董事长的风险偏好程度会影响企业的投资风险。总经理则相对弱势，其个人对企业投资决策的影响力有限，其风险偏好也就很难投射到企业投资风险上，直观的表现为总经理风险偏好与企业投资风险没有因果关系。

4.4　本章小结

为了研究管理者非理性特征对企业投资风险的影响关系，本章选取了两种典型的非理性行为——管理者过度自信和管理者风险偏好为代表，重点关注它们与企业投资风险的影响关系。本章共分 3 节，依次选取企业投资风险、管理者过度自信、管理者风险偏好等为代理变量，主要运用格兰杰因果关系检验方法构建因果检验实证模型，并选取高职权样本、中职权样本（全样本）、低职权样本等不同的样本组代入模型，完成格兰杰因果关系检验实证研究。

本章研究发现：

第一，管理者性别、年龄、任职期限都和管理者风险偏好不存在显著的相关关系。这表明我国上市公司管理者的风险偏好程度普遍不受其性别、年龄和任职时间长短的影响。导致这一结论的原因可能在于，当前我国上市公司高级管理者绝大多数为男性、任职时间较短、样本过于集中等。

第二，管理者个人财富越多，其风险偏好程度越高；管理者风险资产越多，其风险偏好程度越低；同时，管理者最高学历与其风险偏好程度的影响关系不稳定。这表明管理者个人财富、风险资产对管理者风险偏好有重要影响。

第三，管理者过度自信是企业投资风险的格兰杰原因，并且企业投资风险不是管理者过度自信的格兰杰原因。由于管理者受性格、情感等非理性条件的制约，诱发过度自信，因此导致企业决策偏离正确轨道，增加了企业的投资风险。

第四，我国上市公司董事长个体风险偏好特征是企业投资风险的格兰杰原因，同时，企业投资风险不是董事长风险偏好的格兰杰原因。本章实证研究也表明，在我国上市公司内部，董事长的最高权威是一种普遍存在，这与我国的实际情况大体一致；董事长个人风险偏好特征对企业投资风险的显著影响，也体现了现阶段我国上市公司高管的个人特质（如性格、气度、魅力、胸襟等非理性因素）对企业组织目标实现、战略决策的重要作用和意义，为股东选择、评价公司高管提供了理论依据，有一定借鉴意义。

第五，我国上市公司总经理个体风险偏好不是企业投资风险的格兰杰原因。低职权样本组的研究结果表明，相比董事长，我国上市公司以总经理为代表的公司普通高层管理者个体影响力较小，这也与当前我国公司治理结构基本一致。以总经理为代表的公司管理当局是在董事长的领导下开展工作的，在公司内部他们的权责都小于董事长，他们在企业重大决策中的有限作用也制约了他们个体特质对公司投资等重大事项的影响力。

5 考虑管理者非理性特征的企业投资风险约束模型研究

随着全球经济一体化进程的加快，各种经济体的联系越来越紧密，世界、国家、地区、企业等各种危机时有发生，且频次呈现不断增加的趋势，危机总是不期而至，其偶发性提醒我们风险无处不在、无时不在。而作为企业经营的主人，管理者对企业风险大小的影响和作用无疑是第一位的。本章约束模型立足于本书第 3 章、第 4 章的实证研究结论，将影响企业投资风险的理性和非理性因素结合在一起，建立关于投资风险的综合评价模型，并进行实证研究，重点从非理性影响因素的角度，分析降低企业投资风险的原因和方法。

5.1 研究设计

5.1.1 研究基础

就本质而言，风险伴随投资活动的始终。自从认识到风险对企业投资的影响作用，人们就一直在设法了解、加深对风险的认识，希望在获取投资利益的同时，尽可能地减少甚至消除投资风险。然而长期的实践和研究表明，由于未来总是存在不确定性，因此风险不可能被完全消除。但是实践经验和研究成果也同样表明，人们对风险并非无能为力，至少在目前，人们可以通过强化企业风险管理，对风险进行一定程度的分散或转移，以提高企业的抗风险能力，达到控制和降低风险的目的，从而为企业顺利实现价值增长的总体目标提供保障。

早期，由于对个体行为认识和研究的不足，人们普遍接受"理性经济人"假设，从而忽略了人尤其是企业管理者阶层的个性特质对投资风险的影响。20世纪50年代，有限理性假设指出，人不总是理性的，也有非理性的一面。由此，人们进一步意识到，在投资决策中，不同决策者所具有的不同程度的非理性特质会产生新的决策动机，进而影响其决策行为，导致企业投资风险发生变化。行为科学和理论的诞生与发展，大大丰富了经济学研究的理论基础和内容，也推动了风险管理理论的全面发展，使人们注意到管理者过度自信、风险偏好、羊群效应等非理性行为对企业投资风险的重要影响和作用。

在前文的研究中，本书已经评价了理性条件下的企业投资风险，并证明了非理性行为管理者过度自信和风险偏好是投资风险产生的原因，这为本章研究非完全理性条件下的系统投资风险评价模型搭建了有效的研究平台。

5.1.2　研究思路

本书第3章构建并实证了理性经济人假设条件下的企业投资风险综合评价模型，第4章实证了我国上市公司管理者群体的过度自信是企业投资风险的原因之一，同时我国上市公司董事长群体的风险偏好是企业投资风险产生的另一个原因。本章将综合前文的实证结论，分别采用前文经过证明的企业投资风险、理性投资风险（控制变量、系统与非系统风险之和）、管理者过度自信、管理者风险偏好等计量方法，构建考虑非完全理性的企业投资风险约束模型，选取上市公司董事长群体为研究样本，回归分析管理者过度自信、管理者风险偏好两者的交叉变量，以及非系统风险、系统风险对企业投资风险的影响，比较分析研究结论，从而为企业控制和降低投资风险提供理论支持，为企业科学有效地进行人事、经营等方面的战略决策提供建议。考虑到前文的研究已得到证实，关于管理者过度自信和风险偏好对投资风险的影响，高职权样本组比低职权样本组表现得更为明显，因此，本章约束模型的重点关注高职权样本组，暂不考虑中、低职权样本组。

5.1.3 研究假设

（1）假设 5.1：管理者过度自信与企业投资风险正相关

前文研究证实，管理者过度自信是企业投资风险的格兰杰原因，这从根本上肯定了它们之间具有密切的相关关系。通常，过度自信程度大的管理者，主观上更相信自己成功的经验，在决策时更偏重于乾纲独断，不愿或听不进去别人的不同意见，但个人毕竟能力有限、信息有限，脱离民主往往意味着偏离科学，最终导致企业风险增大。

（2）假设 5.2：管理者风险偏好与企业投资风险正相关

前文研究证实，管理者风险偏好是企业投资风险的格兰杰原因，这从根本上肯定了它们之间的相关关系。面对诸多的投资选项，喜好风险的管理者常常为了博取更大的利益，愿意、敢于和勇于承担更大的风险；相反，"保守"的管理者则更愿意选择低风险的投资项目。

（3）假设 5.3：管理者越是过度自信、喜好风险，企业投资风险越大

结合假设 5.1 和假设 5.2，一个既过度自信又喜好风险的管理者，有更多的理由和更大的可能选择高风险高收益的投资项目。

5.1.4 构建约束模型

（1）变量选择

结合前文的研究结论，以及约束模型的研究内容，本章选取以下代理变量：

①企业投资风险

企业投资风险为本章约束模型的被解释变量，代表全部企业投资风险，定义为 TEIR，公式及具体含义同本书第 4 章式（4.3）。

$$TEIR = \sigma_X / E(X) \tag{5.1}$$

②管理者过度自信

管理者过度自信为本章约束模型的解释变量之一，属于非理性因子变量，定义为 OC，公式及具体含义同本书第 4 章式（4.2）。

$$OC = \frac{(P^e - P)}{E} \qquad (5.2)$$

③管理者风险偏好

管理者风险偏好为本章约束模型的解释变量之一，属于非理性因子变量，定义为 RP，公式及具体含义同本书第 4 章式（4.12）。

$$RP = -0.976 - 0.0315ME + 0.286MPW - 0.0118MRA \qquad (5.3)$$

④交叉变量

交叉变量为本章约束模型的解释变量之一，代表企业管理者过度自信与风险偏好的共同作用对企业投资风险的影响力，定义为 NR，公式如下：

$$NR = OC \times RP \qquad (5.4)$$

式中：OC ——管理者过度自信；

RP ——管理者风险偏好。

⑤系统风险

系统风险为控制变量，是本章约束模型的解释变量之一，属于理性因子变量，代表行为个体"理性经济人"假设前提下企业外部环境因子对企业投资风险的影响力，定义为 SR，其计算参考本书第 3 章综合评价体系中系统风险的计量。

⑥非系统风险

非系统风险为控制变量，是本章约束模型的解释变量之一，属于理性因子变量，代表行为个体理性经济人假设前提下企业内部环境因子对投资风险的影响力，定义为 NSR，其计算参考本书第 3 章综合评价体系中非系统风险的计量。

（2）模型构建

为了系统评价企业投资总体风险，综合更多的影响因素，本章从理性和非理性两个方面考虑，首先分别选取企业非系统因素、系统因素，以及企业管理者过度自信、管理者风险偏好四个解释变量；其次，与理性风险研究相比，非理性风险及影响因素的研究起步晚，比较零散，没有成熟、系统的理论体系和研究方法，关于管理者过度自信和风险偏好的相关研究较少，且本书的前期研究并未涉及两者的关系研究，为了更全面地计量企业投资风险，考虑管理者过度自信与风险偏好共同作用的影响力，增加的交叉变量为约束模型的独立解释变量；最后，重点关注管理者非理性因素对企业投资风险的影响，理性风险因素的影响由于研究成果较多，已经很成熟，因此在模型构建中，拟设定理性假设前提下的系统风险和非系统为控制变量。具体模型如下：

$$TEIR = a_0 + a_1 OC + a_2 RP + a_3 OC \times RP + a_4 SR + a_5 NSR + \varepsilon \tag{5.5}$$

式中： TEIR ——企业投资风险；

　　　 OC ——管理者过度自信；

　　　 RP ——管理者风险偏好；

　　　 SR ——理性条件下的系统风险；

　　　 NSR ——理性条件下的非系统风险；

　　　 a_1、a_2、a_3、a_4、a_5 ——对应变量的系数；

　　　 a_0 ——截距项；

　　　 ε ——残差（干扰项）。

5.2　考虑管理者非理性特征的企业投资风险约束模型实证研究

5.2.1　样本选取

结合约束模型变量及我国上市公司数据的实际情况，本章选取我国沪深两市非金融类上市公司 2002—2009 年的相关财务数据和管理者信息为初始样本，经过多次筛选、整理共得到有效样本 220 个，这里的管理者仅限于（代理）董事长、（代理）董事局（会）主席。本章的全部数据来源于"锐思金融研究数据库（www.resset.cn）"和"国泰安数据服务中心（www.gtarsc.com）"，数据处理及回归分析先后用到 Microsoft Visual Basic 程序编辑，以及 Microsoft Office、SPSS 等计量统计软件。

5.2.2 变量的描述性统计

表 5-1 列示了研究变量的描述性统计结果。

表 5-1 研究变量的描述性统计结果

Variable	N	Minimum	Maximum	Mean	Std. Deviation
TEIR	220	−0.2197	2.9974	0.6406	0.6075
OC	220	−1.0718	0.4623	0.0064	0.1091
RP	220	0.0329	1.0000	0.8736	0.2432
NR	220	−0.6210	0.4344	0.0114	0.0732
SR	220	0.1779	0.3079	0.2374	0.0524
NSR	220	0.2061	0.4209	0.3119	0.0384

5.2.3 变量的相关性分析

表 5-2 列示了约束模型研究变量两两之间的 Pearson 相关系数。

表 5-2 变量的 Pearson 相关系数

Variable		TEIR	OC	RP	NR	SR	NSR
TEIR	Pearson Correlation	1					
	Sig.	0.000					
OC	Pearson Correlation	0.081	1				
	Sig.	0.232	0.000				
RP	Pearson Correlation	0.217(**)	0.219(**)	1			
	Sig.	0.001	0.001	0.000			
NR	Pearson Correlation	0.009	0.888(**)	0.167(*)	1		
	Sig.	0.891	0.000	0.013	0.000		
SR	Pearson Correlation	0.147(*)	0.188(**)	0.049	0.197(**)	1	
	Sig.	0.029	0.005	0.473	0.003	0.000	
NSR	Pearson Correlation	0.359(**)	0.054	−0.270 (**)	0.115	0.021	1
	Sig.	0.000	0.428	0.000	0.089	0.757	0.000

注：*表示在 0.05 的显著性水平下显著；**表示在 0.01 的显著性水平下显著。

表 5-2 显示，被解释变量企业投资风险（TEIR）与其他解释变量的相关关系不相同。其中，TEIR 与系统风险（SR）的相关系数为 0.147、P 值为 0.029，表明在 0.05 的显著性水平下它们是显著的正相关关系；TEIR 与管理者风险偏好（RP）、非系统风险（NSR）的相关系数分别为 0.217、0.359，P 值分别为 0.001 和 0.000，表明在 0.01 的显著性水平下它们都是显著的正相关关系；TEIR 与管理者过度自信（OC）的相关系数为 0.081、P 值为 0.232，说明它们不相关。上述结论也初步验证了本章的研究假设 5.2。

在表 5-2 中，解释变量两两之间的相关关系分别为：管理者过度自信（OC）与管理者风险偏好（RP）、系统风险（SR）的相关系数分别为 0.219、0.188，P 值分别为 0.001、0.005，表明在 0.01 的显著性水平下它们都是显著的正相关关系；管理者风险偏好（RP）与非系统风险（NSR）的相关系数与 P 值分别为 -0.270、0.000，说明在 0.01 的显著性水平下它们是显著的负相关关系；其他解释变量的参数则表明它们之间都不相关。

以上相关性分析得出两类结论：一类是不相关；另一类是显著相关。其中，不相关的检验结果，直接表明变量间不存在多重共线性；显著相关的结果，其相关系数最大的也只有 0.359，远小于 0.8 的多重共线性判断的经验数据，它们之间显然也不存在显著的多重共线性。综合上述两类结论，本章约束模型中设定的变量之间不存在显著的多重共线性。但是，由于显著不相关的结论并不能完全解释变量之间的所有关系，而且变量间的关系还受到它们所在不同模型的影响，因此仍有必要进行多元回归检验与分析，以明确它们在本章约束模型中的相互影响关系。

5.2.4 实证研究结果

表 5-3 列示了约束模型的回归结果。

表 5-3　　　　　　　　　约束模型的回归结果

Independent Variable	Unstandardized Coefficients	t	Sig.
OC	1.798	2.375	0.018**
RP	0.276	1.676	0.095*
NR	2.053	1.821	0.070*
SR	1.827	2.509	0.013**
NSR	4.985	4.849	0.000***
Adj R^2	0.170		
F	9.963		
	0.000***		
N	220		

注：*表示在 0.10 的显著性水平下显著，**表示在 0.05 的显著性水平下显著，***
表示在 0.01 的显著性水平下显著。

表 5-3 显示了约束模型总体回归检验的结果，调整后的 R^2 值（拟
合优度）为 0.170，F 检验统计量为 9.963，模型在 0.01 的显著性水平
下显著，表明本书构建的回归分析约束模型在总体上通过了显著性检
验，模型设定有效。

（1）管理者过度自信与企业投资风险

在表 5-3 中，管理者过度自信的回归系数是 1.798，t 值为 2.375，
P 值为 0.018，表明在 0.05 的显著性水平下管理者过度自信与企业投资
总体风险显著正相关，证实了本章的假设 5.1，即管理者过度自信程度
越高，由此引发的企业投资风险也越大。

（2）管理者风险偏好与企业投资风险

在表 5-3 中，管理者风险偏好的回归系数是 0.276，t 值为 1.676，
P 值为 0.095，表明在 0.10 的显著性水平下管理者风险偏好与企业投资
总体风险显著正相关，证实了本章的假设 5.2，即管理者越喜好风险，
由此引发的企业投资风险越大。

（3）交叉变量与企业投资风险

在表 5-3 中，管理者过度自信与风险偏好交叉变量的回归系数是 2.053，t 值为 1.821，P 值为 0.070，表明在 0.10 的显著性水平下交叉变量与企业投资风险显著正相关，证实了本章的假设 5.3，既过度自信又偏好风险的管理者会增大企业投资风险。

表 5-3 的研究结果显示，系统风险（SR）与非系统风险都和企业投资总体风险显著正相关，说明系统风险和非系统风险任一个增大都必然增加企业投资风险，反之亦然。本书第 3 章选取了 23 个代理变量，构建了企业投资风险综合评价体系，分别计量了理性假设下系统风险和非系统风险的大小，这与传统的风险评价和计量方法相一致，即在理性假设前提下，系统风险与非系统风险之和构成了企业投资风险，这和表 5-3 的研究结论相吻合，也进一步验证了本书第 3 章评价模型的有效性。

5.3 结论分析与对策建议

本章构建了考虑非完全理性的企业投资风险约束模型，重点研究分析管理者过度自信和管理者风险偏好两种典型的非理性行为对企业投资风险的影响。实证研究结果表明，它们都与企业投资总体风险成正相关关系。因此，设法控制或减小企业管理者过度自信和风险偏好程度，可以有效控制和降低企业投资风险，这也是行为科学理论发展对风险管理的重要贡献。下面结合前文的研究成果，详细探讨如何从行为科学的角度控制和降低企业投资风险。

（1）研究结论分析

就本质而言，不同的管理者，其过度自信和风险偏好程度必然存在差异，管理者千差万别，决策结果更是千变万化，但是差异产生的原因只能源自管理者个性的不同。因此，分析管理者过度自信与风险偏好程度离不开管理者性别、年龄、任职期限、知识背景、个人社会关系等基本特征。这也被本书的研究结论和已有的研究文献所证实。

在表 5-3 中，管理者过度自信的回归系数、t 值、P 值依次为

1.798、2.375、0.018，都明显优于管理者风险偏好、交叉变量的对应指标，即三者之中，管理者过度自信对企业投资风险的作用最有效、综合影响力最大。已有的研究成果表明，过度自信的管理者常常表现为更倾向于持有高风险的股票或者投资组合，更倾向于过度交易或投资，经验不足的投资者比经验丰富的投资者更加过度自信等；管理者过度自信的影响因素则主要包括管理者性别、专业知识、任务难度、从业经验、文化背景等。其中，大量的研究表明，男性管理者比女性更容易过度自信；具有更多专业知识的专家级管理者更容易过度自信；随着任务难度的增大，管理者更加过度自信；关于管理者从业经验，学者则得出了不同的研究结论，有的认为随着经验增长，管理者过度自信在下降，有的则持相反的观点；关于管理者文化背景，学者们则得出了不同于我们直观感觉的有趣结论——东方人比西方人更加过度自信。

关于管理者风险偏好，本章的实证研究表明，我国上市公司管理者性别、年龄以及任职期限都与管理者风险偏好不存在显著的相关关系，即前三者都对风险偏好的变化不产生影响；管理者最高学历与其风险偏好存在显著的负相关关系，即管理者学历越高，其风险偏好程度越低，但是本章的研究也表明此结论并不稳定；管理者个人财富与风险偏好正相关，管理者个人财富越多，其风险偏好程度越高；管理者风险资产与风险偏好负相关，管理者风险资产越多，其风险偏好程度越低。已有的研究文献也表明：风险偏好与年龄负相关，年龄大的人更倾向于风险厌恶；管理者任职期限越长，其风险偏好程度越大；管理者风险偏好程度与个人财富多少负相关，个人财富越多，其风险偏好程度越小；集体主义文化背景下的个体，其风险偏好程度要小于个人文化背景下的个体；也有学者的实验研究发现，性别、原型知识、任务框架，甚至情绪，都会影响个体的风险偏好。

还有研究表明：管理者风险偏好的存在导致管理者过度乐观和过度自信；由于管理者风险偏好程度高和过度乐观，因此相对于外部投资者，企业管理者对投资项目更加乐观，更易高估企业价值。

（2）对策建议

综合本书的研究结论及相关文献的研究成果，针对影响管理者过度自信和风险偏好的各种因素，本书提出以下完善公司制度建设的政策性建议，设法降低管理者个人特质引发的企业投资风险。

第一，建立健全包括管理者、专家、一线员工等代表各个阶层的企业民主化、集体化决策程序，完善企业重大决策的科学机制，弱化管理者非理性行为对企业战略的过度影响和负面效应。

第二，企业内尝试引入女性管理者和西方管理者，约束男性管理者过度投资和过度交易等非理性倾向，约束管理者重大投资决策中的"赌博式"冲动。

第三，综合考虑管理者候选人在个人财富、知识背景、年龄、从业经验、性别等方面对管理者非理性行为产生的影响，选择符合企业实际情况的合格的管理者，从根本上防止管理者过度非理性行为的发生。

5.4 本章小结

本章是本书实证研究的最后一章，也是本书的核心研究内容，是对本书的实证总结与实践应用，对研究问题如何控制和降低企业投资风险做出了总结性回答。本章的回归分析模型综合了本书全部研究内容和结论，以理性假设前提下的企业投资风险为控制变量，针对非理性影响因素，重点研究管理者过度自信和风险偏好对企业投资风险的影响，分析实证研究结论，提出对策建议。

本章研究发现：

（1）管理者过度自信与企业投资风险正相关

根据行为科学过度自信的相关理论，过度自信的管理者在实际行为决策过程中常常过高估计自己、低估他人，将成功的功劳更多归功于自己，而将失败的原因归结为他人的无能和"倒霉"的运气。管理者大多首先是事业的成功者，随着管理者的一步步成功，过度自信这种稳定性特质不断积累，使得管理者具有比自己过去和别人更强的过度自信。因此，过度自信的管理者面对决策中的矛盾交织，受个体自信心过度膨胀的自大心理刺激，而变得得意忘形、忘乎所以，选择高收益、高风险的决策项目；同时，其过度自信程度越大，风险越大，危害越大，甚至会给企业带来灭顶之灾。

（2）管理者风险偏好与企业投资风险正相关

本书研究证实，管理者个人财富与管理者风险偏好正相关，管理者受教育程度及其持有风险资产多少都与管理者风险偏好负相关。根据行为科学的风险偏好理论，一个喜好风险的管理者，性格中非理性的成分更多，对风险有莫名的兴奋感，往往具有强烈的"赌博"心态。这样的管理者常常更相信自己能获取巨大利益的直觉，而不考虑或者忽视同样巨大的风险的存在。面对各种各样的决策选项，这样的管理者更多的时候是将企业置于高风险的危境，而且其风险偏好程度越高，企业投资风险越大，这明显有悖于企业长久生存和持续发展的战略目标。

（3）交叉变量与企业投资风险正相关

本章研究表明，管理者过度自信程度越高，越喜好风险，企业风险越大。一个既过度自信又喜好风险的管理者，其性格中非理性的成分已经超过理性的成分，其决策已带有一定的盲目性，管理者本身已经很难再对企业风险有一个客观的认识，这必然会增大企业的风险水平。

<u>6</u> 研究结论与展望

本章是本书的概括与总结，包括主要研究结论、创新点、未来展望三部分内容。

6.1 主要研究结论

为了实现评价企业投资风险的目标，本书综合古典的"理性经济人"假设和西蒙的"有限理性"假设两大理论，以取得广泛认可的"理性经济人"假设为基础理论，重点关注和分析企业管理者非理性因素的影响作用。本书运用过度自信、风险偏好等管理者非理性特征与企业投资风险因果关系的实证结论，构建了同时考虑理性和非理性两种因素的企业投资风险综合评价模型，为降低和控制企业投资风险探索科学方法。

通过以上研究，本书得到以下主要结论：

（1）我国家电行业投资风险处于中等水平

本书以家电行业为例进行分析，通过研究发现，近年来我国家电行业的投资风险处于中等水平，且表现平稳，没有大的起伏和波动。

改革开放初期，我国百废待兴，国民经济从完全计划经济向市场经济转轨，这是一个循序渐进的过程。进入 21 世纪，我国已经建立了基本的市场运行体制，尤其是市场敏感度高、竞争激烈的家电领域，经过初期的大规模引进和混乱无序竞争，已经进入了快速增长的发展轨道。这一阶段，随着国际交往的不断加强，中国经济与世界经济的联系越发紧密，经济组织和管理者受到国际政治经济环境越来越大的影响与冲击，但是我国的企业和企业家，包括政府，普遍缺乏应对国际化市场竞争的经验与能力。以上国际、国内因素决定了，我国家电行业的投资风险处于中等水平，短期内不会出现大的增长或下降。

（2）管理者过度自信是企业投资风险的原因

管理者过度自信是企业投资风险的格兰杰原因，但后者不是前者的格兰杰原因。这一研究结果表明，企业投资风险产生的部分原因来自管理者过度自信。过度自信的管理者由于盲目自信、夸大自己的水平、低估他人的能力，导致企业的决策过程不可避免地打上管理者自身非理性因素的烙印，使决策结果在一定程度上丧失了客观性和科学性，偏离了正确的轨道，使企业投资风险增大。这从理论上验证了非理性特质对企业整体的影响与作用，反之则缺乏理论和实践支持。

（3）董事长风险偏好是企业投资风险的原因

比较本书高职权样本组（董事长）、中职权样本组（董事长与总经理的综合）、低职权样本组（总经理）的实证结果可知，董事长风险偏好是企业投资风险的格兰杰原因，反之则不存在因果关系，而总经理与企业投资风险之间不存在任何因果关系。一方面，风险偏好作为管理者的内生变量，具有明显的个性特征，不同的管理者，风险偏好程度不同，导致决策的利益风险均衡点发生不同程度的偏移，从而引发不同程度的企业风险；另一方面，在我国上市公司内，董事长具有"企业教父"的权威，相对而言，总经理只是董事长的下属，影响力有限。因此，企业董事长的风险偏好与企业总体投资风险的大小存在必然的联系，这与"企业文化是企业领导者个人性格放大"的论述没有本质的不同。

（4）我国上市公司董事长过度自信程度与企业投资风险正相关

本书研究表明，我国上市公司董事长过度自信程度越高，企业总体投资风险越大，这与行为科学关于过度自信的理论和相关研究成果相一致。董事长是企业的最高和最终决策者，过度膨胀的自信心必然使其轻视或无视决策的危害，而放大可能的预期收益，选择高收益、高风险的决策选项，从而增加企业总体投资风险；相反，一个过度自信程度低或者自信不足的董事长，一般更偏向保守的决策选项，企业投资风险自然较小。

（5）我国上市公司董事长风险偏好与企业投资风险正相关

本书研究表明，我国上市公司董事长风险偏好程度越高，企业投资风险越大，这与行为科学以及有关学者的研究成果一致。董事长在企业中居于绝对的主导地位，相比其他员工，董事长无疑对企业具有最大的影响力，董事长的个体特征对企业的各种决策发挥重要作用。一个偏爱风险、冒险的董事长，其决策结果常常与高收益、高风险相联系，这种决策虽然也有可能给企业带来高收益，但企业的高风险却是一定的；相反，一个天生风险偏好程度较小或者说厌恶风险的董事长，他必然更愿意选择低风险的决策项目，从而降低了企业总体投资风险。

6.2　创新点

实践中，影响企业投资风险的因素很多，但是基于人们认识活动的有限和对认识计量的困难，绝大多数研究都以理性经济人假设为前提，选择不考虑人的个性特征对企业投资风险的影响。这种简化虽然方便开展研究，但无疑降低了企业投资风险评价的准确性。本书立足于全面风险管理，在考虑理性因素的基础上，重点关注非理性因素——管理者过度自信与管理者风险偏好的影响和作用，构建包含理性因素与管理者非理性特征的综合模型评价企业投资风险。本书的创新点主要有以下三点：

（1）建立了考虑管理者非理性特征的企业投资风险约束模型，为控制和降低企业投资风险探索新的方法和工具

传统经济学理性假设基础上的企业投资风险模型，因为研究的影响因素和变量选取都仅限于理性领域，所以以实现降低和控制企业投资风险的目的，通常只能采取调整或限制理性因素的方式，这实际上是受主客观条件所限，放弃了非理性因素的影响和作用，难免出现局限性、片面性，进而难以客观、全面地反映企业投资风险。针对上述已有研究文献的不足，本书重点考察了管理者过度自信和风险偏好对企业投资风险的影响，并建立综合考虑理性因素和管理者非理性特征的企业投资风险约束模型，从管理者非理性特征的视角讨论降低和控制企业投资风险的方法，从而丰富了企业投资风险管理的研究内容。

（2）定量验证了管理者过度自信、风险偏好与企业投资风险的因果

关系，丰富了企业投资风险研究的内容

20 世纪 50 年代，西蒙提出"有限理性"假设理论，质疑传统经济学的"理性经济人"假设理论，行为科学研究才逐渐引起人们的关注。而关于管理者非理性特征的行为研究，目前则处于初级探索阶段，还没有取得突破性的研究成果。管理者非理性特征研究由于面临问世时间短、难以量化等实际困难，因此相关文献大多集中于概念性质的定性研究，定量研究不仅文献较少、比较零散，而且大多为一家之言，认可度和影响力有限。基于以上原因，本书重点研究过度自信与风险偏好两种典型的管理者非理性特征，并定量验证它们与企业投资风险的因果关系，从而丰富了企业投资风险管理的研究内容。

（3）增加管理者非理性特征为企业投资风险的影响因素，完善了企业投资风险评价体系

现有的风险评价研究大多立足于传统经济学的"理性经济人"假设，而无视人力资源尤其是企业管理者所独有的不同于其他生产资料的特性——主观能动性，其实质是模糊了社会再生产的生产关系和阶级性。"理性经济人"假设无视人力资源这种生产资料的特殊性，即人具有主观能动性，人参与企业再生产的过程更重要的是发挥人组织、协调和管理的能力，这是其他任何生产资料都不具备的和不可代替的功能。如果没有人的参与，则企业的再生产绝对无法实现，正是人的不可替代性更深层地揭示了所有生产参与者的社会关系。因此，人是企业再生产的"主人"，管理者居于核心地位。事实上，人们也逐渐认识到了人在生产中的重要作用和意义，"以人为本"的理念就是其集中体现。正是基于以上原因，本书增加了企业管理者非理性特征为影响因素，以提高企业投资风险的评价质量。

6.3　未来研究展望

随着科技的发展、全球经济一体化、各国之间的联系日益紧密，企业投资风险的影响因素越来越多，风险管理已经引起了人们更多的关注。本书实证研究了传统理性条件下的各种影响因素，以及管理者过度

自信与风险偏好两种非理性因素对企业投资风险的影响，从而为企业在各种风险条件下的投资决策提供了实证依据，取得了一定的研究成果，希望未来在以下几个方面取得更多更大的研究成果：

（1）其他非理性行为的计量研究

综合考虑篇幅长短、计量方法成熟与否、数据来源与处理的难易程度等各种主客观因素，本书仅就过度自信与风险偏好进行计量研究，对于更多的管理者非理性特征（如心理账户、框架效应、锚定效应、羊群效应等）则只进行了简单介绍，未进行深入研究。如果对它们进行更深入的计量与相关研究，无疑将丰富管理者非理性特征的研究内容。

（2）其他非理性行为与企业投资风险的关系研究

本书选择管理者过度自信与风险偏好为主要研究对象，进行格兰杰因果关系检验，实证研究它们对企业投资风险的影响，并构建约束模型，探讨降低企业投资风险的方法，却忽略了其他管理者非理性特征的影响。但是应该看到，其他管理者非理性行为同样可能对企业投资风险产生影响。约束它们的影响，也可能有助于企业选聘更合适的管理者，或者提高管理者的决策质量，从而降低和控制企业投资风险。

主要参考文献

[1]WILLETT A H. The economic theory of risk and insurance[M].The Columbia University Press, 1901.

[2]STEWART T A.Managing risk in the 21st century[J].Fortune, 2000, 2（7）.

[3]SIMON H A. A behavioral model of rational choice[J].The Quarterly Journal of Economics, 1955,69（1）：99.

[4]THALER R.Mental accounting and consumer choice[J].Marketing Science,1985,4（3）：199-214.

[5]LAIBSOND. Life-cycle consumption and hyperbolic discount functions [J].European Economic Review,1998,42（3-5）：861-871.

[6]TVERSKY A, KAHNEMAN D.Judgment under uncertainty：heuristics and biases[J].Science, 1974,185（4157）：1124.

[7]FAYOL H. General and industrial management, trans[M].London：Pitman Publishing,Ltd.,1949.

[8]HAYNES J. Risk as an economic factor[J].The Quarterly Journal of Economics,1895,9（4）：409-449.

[9]KNIGHT F H. Risk,uncertainty and profit[M].New York：Dover Publications Inc.,1921.

[10]DENENBERG H S. Risk and insurance[M].New Jersey,USA：Prentice-Hall Inc.,1964.

[11]ROSENBERG B, MCKIBBEN W.The prediction of systematic and specific risk in common stocks[J].Journal of Financial and Quantitative Analysis,1973,8（2）：317-333.

[12]CRANE J, KOPTAM.Genetic amniocentesis：impact of placental position upon the risk of pregnancy loss[J]. American Journal of Obstetrics and Gynecology, 1984,150（7）：813-816.

[13]BOULTON R, LIBERT B, SAMEK S M. Cracking the value code: how successful businesses are creating wealth in the new economy[M].New York: Harper Business,2000: 181.

[14]OXELHEIM L, WIHLBORG C. Managing in the turbulent world economy: corporate performance and risk exposure[M].New York: John Wiley & Sons,1997.

[15]FITZPATRICK. A comparison of the ratios of successful industrial enterprises with those of failed companies[M].New York: Certified Public Accountant,1932.

[16]MYERS S,MARQUIS D G, FOUNDATION N S.Successful industrial innovations: a study of factors underlying innovation in selected firms[M]. National Science Foundation,1969.

[17]MARKOWITZ H.Portfolio selection[J].The Journal of Finance, 1952,7（1）: 77-91.

[18]SHARPE W F.Capital asset prices: a theory of market equilibrium under conditions of risk[J].The Journal of Finance,1964,19（3）: 425-442.

[19]ROSS S A.The arbitrage theory of asset pricing[J].Journal of Economic Theory,1976,13（1）: 341-360.

[20]NELSON D B.Conditional heteroskedasticity in asset returns: a new approach[J].Econometrica,1991,59（2）: 347-370.

[21]FAMA E F, FRENCH K R.Common risk factors in the returns on stocks and bonds[J].The Journal of Financial Economics,1993,33（1）: 3-56.

[22]OHLSON J A. Financial ratios and the probabilistic prediction of bankruptcy[J].Journal of Accounting Research,1980,18（1）: 109-131.

[23]LANE W R, LOONEY S W, WANSLEY J W. An application of the Cox proportional hazards model to bank failure[J].Journal of Banking & Finance,1986,10（4）: 511-531.

[24]COSO.Browse location: United States/Committee of Sponsoring Orgnizations of the Treadway Commission（COSO）/framework: proceedings [C].1992.

[25]MISES L.Human action: a treatise on economics[M].Canada:Ludwig Von Mises Institute,1998.

[26]SAMUELSON P A.Economics: the original 1948 edition[M].New York: McGraw-Hill,1997.

[27]TVERSKY A,KAHNEMAN D.Rational choice and the framing of decisions[J].The Journal of Business,1986,59 (4): 251-278.

[28]SMITH V L.An experimental study of competitive market behavior[J]. The Journal of Political Economy,1962,70 (2): 111-137.

[29]KATONA G.Psychological analysis of economic behavior[M].New York: McGraw-Hill,1951.

[30]BONDT, THALER R.Does the stock market overreact?[J].The Journal of Finance,1985: 793-805.

[31]VON NEUMANN.Theory of games and economic behavior[M].New Jersey,US:Princeton University Press, 1944: 1953.

[32]VROOM V H. Work and motivation[M].New York: Jossey - Bass, 1964.

[33]KAHNEMAN D, TVERSKY A. Prospect theory: an analysis of decision under risk[J].Journal of the Econometric Society,1979,47 (2): 263-291.

[34]MAYO E,THOMPSON K.The human problems of an industrial civilization[M]. London:Psychology Press, 2003.

[35]BECKER G S. Irrational behavior and economic theory[J]. The Journal of Political Economy, 1962: 1-13.

[36]SHILLER R J. Why do people dislike inflation? [M].Chicago,US: University of Chicago Press,1997.

[37]KAHNEMAN D, RIEPE M W.Aspects of investor psychology[J]. Journal of Portfolio Management, 1998,24: 52-65.

[38]ARROW K J, CHENERY H B, MINHAS B S, et al.Capital - labor substitution and economic efficiency[J].The Review of Economics and Statistics,1961,43 (3): 225-250.

[39]BUCHANAN J M.The constitution of economic policy[J].The

American Economic Review,1987,77（3）：243-250.

[40]BECKER G S.Nobel lecture： the economic way of looking at behavior[J].The Journal of Political Economy,1993,101（3）：385-409.

[41]NASH J.Equilibrium points in n-person games[J].Proceedings of the National Academy of Sciences of the United States of America,1950,36（1）：48-49.

[42]NASH J.Non-cooperative games[J].The Annals of Mathematics,1951,54（2）：286-295.

[43]TAYLOR F W.Scientific management[J].London:Harper & brothers,1911.

[44]MASLOW A H. A theory of motivation[J].Psychological Review,1943,50（4）：370-396.

[45]MCGREGOR D,CUTCHER-GERSHENFELD J.The human side of enterprise[M].New York：McGraw-Hill,2006.

[46]BARBER B M, ODEAN T. Boys will be boys： gender, overconfidence and common stock investment[J].The Quarterly Journal of Economics,2001,116（1）：261-292.

[47]DANIEL K, HIRSHLEIFER D, SUBRAHMANYAM A.Investor psychology and security market under-and overreactions[J].The Journal of Finance,1998,53（6）：1839-1885.

[48]DANIEL K D, HIRSHLEIFER D, SUBRAHMANYAM A. Overconfidence,arbitrage and equilibrium asset pricing[J].The Journal of Finance,2001,56（3）：921-965.

[49]COOPER A,WILLIAM C,CAROLYN Y.Entrepreneurs' perceived chances for success[J].Journal of Business Venturing,1988,3（2）：97-108.

[50]GLASER M, SCHFERS P, WEBER M. Managerial optimism and corporate investment： is the CEO alone responsible for the relation?[J].Sonderforschungsbereich 504 Publications,2007.

[51]ALICKE M,KLOTZ M,BREITENBECHER D,et al.Personal contact, individuation, and the better-than-average effect[J].Journal of Personality and

Social Psychology,1995,68: 804-804.

[52]SHEFRINH.Behavioral corporate finance[J].Journal of Applied Corporate Finance,2001,14（3）: 113-126.

[53]MOORE D, KIM T.Myopic social prediction and the solo comparison effect[J].Journal of Personality and Social Psychology,2003,85（6）: 1121-1135.

[54]FREEAR J, SOHL J E, WETZEL W E.Angels: personal investors in the venture capital market[J].Entrepreneurship & Regional Development, 1995,7（1）: 85-94.

[55]MALMENDIER U,TATE G.Who makes acquisitions? CEO overconfidence and the market's reaction[J].The Journal of Financial Economics,2008,89（1）: 20-43.

[56]OLIVER B R. The impact of management confidence on capital structure[R]. Working Paper, 2005.

[57]YUEH - HSIANG LIN, et al.Managerial optimism and corporate investment: some empirical evidence from Taiwan[J].Pacific - Basin Finance Journal,2005,13（5）: 523-546.

[58]ROLL R.The hubris hypothesis of corporate takeovers[J].The Journal of Business,1986,59（2）: 197-216.

[59]MOERS F, PEEK E.An empirical analysis of the role of risk aversion in executive compensation contracts[J].Research Memoranda,2000.

[60]HEATON J B.Managerial optimism and corporate finance[J]. Financial Management,2002,31（2）: 33-45.

[61]POTESHMAN A, PARRINO R, WEISBACH M.Measuring investment distortions when risk - averse managers decide whether to undertake risky project[J].Financial Management,2005,34: 21-60.

[62]ABDEL-KHALIK AR. An empirical analysis of CEO risk aversion and the propensity to smooth earnings volatility[J].Journal of Accounting Auditing and Finance,2007,22（2）: 201.

[63]SAVAGE L J.Foundations of statistics[M].New York: Wiley,1954.

[64]ARROW K J.Essays in the theory of risk-bearing[M].Australia:North-Holland Press,1974.

[65]PRATT J W.Risk aversion in the small and in the large[J].Journal of the Econometric Society,1964: 122-136.

[66]RABIN M.Risk aversion and expected-\utility theory: a calibration theorem[J].Econometrica,2000,68（5）: 1281-1292.

[67]HSEE C K, WEBER E U. A fundamental prediction error: self-others discrepancies in risk preference[J].Journal of Experimental Psychology,1997, 126（1）: 45-53.

[68]RICHARD T.Mental accounting matters[J].Journal of Behavioral Decision Making, 1999,12: 183-206.

[69]THALER R. Toward a positive theory of consumer choice[J].Journal of Economic Behavior & Organization,1980,1（1）: 39-60.

[70]THALER R,TVERSKY A,KAHNEMAND,et al.The effect of myopia and loss aversion on risk taking: an experimental test[J].The Quarterly Journal of Economics,1997,112（2）: 647-661.

[71]BANERJEE A V. A simple model of herd behavior[J].The Quarterly Journal of Economics, 1992,107（3）: 797.

[72]MUSSWEILER T, STRACK F.Hypothesis-consistent testing and semantic priming in the anchoring paradigm: a selective accessibility model[J].Journal of Experimental Social Psychology,1999,35: 136-164.

[73]ODEAN T.Volume, volatility, price, and profit when all traders are above average[J]. The Journal of Finance,1998,53（6）: 1887-1934.

[74]TVERSKY A, KAHNEMAN D. Loss aversion in riskless choice: a reference-dependent model[J]. The Quarterly Journal of Economics,1991,106（4）: 1039.

[75]AXELROD R,HAMILTON W D.The evolution of cooperation[J]. Science, 1981,211（4489）: 1390.

[76]SERGUIEVA A, HUNTER J. Fuzzy interval methods in investment risk appraisal[J].Fuzzy Sets and Systems,2004,142（3）: 443-466.

[77]MOWBRAY, BLANCHARD, WILLIAMS. Insurance[M].New York：Mc Graw-Hill,1972.

[78]SHLEIFER A, VISHNY R W. The limits of arbitrage[J].Journal of Finance,1997,52:35-55.

[79]SAVVIDES S. Risk analysis in investment appraisal[J].Project Appraisal,1994,9（1）：3-18.

[80]LANGER E. The illusion of control[J].Journal of personality and social psychology, 1975,32（2）：311-328.

[81]LANDIER A, SRAER D, THESMAR D, et al.Bottom-up corporate governance[M].London：Centre for Economic Policy Research,2006.

[82]GRANGER C.Investigating causal relations by econometric models and cross-spectral methods[J].Journal of the Econometric Society,1969, 37（3）：424-438.

[83]FRIEND I, BLUME M E.The demand for risky assets[J].The American Economic Review,1975,65（5）：900-922.

[84]MORIN R A, SUAREZ A F. Risk aversion revisited[J].The Journal of Finance,1983,38：1201-1216.

[85]BYRNES J P, MILLER D C, SCHAFER W D.Gender differences in risk taking：a meta-analysis[J]. Psychological Bulletin,1999,125（3）：367.

[86]HARTOG J, CARBONELL A,JONKER N.Linking measured risk aversion to individual characteristics[J].Kyklos,2002,55（1）：3-26.

[87]RILEY W B, CHOW K V.Asset allocation and individual risk aversion[J]. Financial Analysts Journal,1992：32-37.

[88]COHN R A, LEWELLEN W G, LEASE R C, et al.Individual investor risk aversion and investment portfolio composition[J].The Journal of Finance, 1975,30（2）：605-620.

[89]ROSENBLOOM J S, PROPERTY C,CUPCR. A case study in Risk Management[M].New Jersey,USA:Prentice-Hall,Inc.,1972.

[90]巴顿，申克，沃克.企业风险管理[M].王剑锋，寇国龙,译.北京：中国人民大学出版社,2004.

[91]斯密 . 国富论[M]. 谢祖钧,译 . 北京：商务印书馆,2007：9-10.

[92]谢科范 . 企业风险管理[M]. 武汉：武汉理工大学出版社,2004.

[93]窦祥胜 . 宏观经济风险探析[J]. 经济学家,2002（4）：60-63.

[94]于淑荣 . 风险经济学导论[M]. 北京：中国铁道出版社,1994.

[95]姜青肪,陈方正 . 风险度量原理[M]. 上海：同济大学出版社,2000.

[96]顾孟迪，雷鹏 . 风险管理[M]. 北京：清华大学出版社,2009.

[97]刘钧 . 风险管理概论[M]. 北京：中国金融出版社,2005.

[98]辞海编辑委员会 . 辞海 [M]. 上海：上海辞书出版社，1999.

[99]牛津大学出版社 . 牛津现代高级英汉双解词典[M]. 北京：商务印书馆，1995.

[100]刘新立 . 风险管理[M]. 北京：北京大学出版社,2006.

[101]孙绍荣 . 投资者行为研究[M]. 上海：复旦大学出版社,2009.

[102]李成，马国 .VaR 模型在我国银行同业拆借市场中的应用研究[J]. 金融研究,2007：62-77.

[103]谭光兴 . 企业经营活动的风险度量[J]. 企业经济,1997（2）：39-41.

[104]威廉姆斯，汉斯 . 风险管理与保险[M]. 陈伟，张清寿，王铁，译 . 北京：中国商业出版社,1990.

[105]COSO. 企业风险管理——整合框架[M]. 方红星，王宏,译 . 大连：东北财经大学出版社,2005.

[106]COSO. 企业风险管理——应用技术[M]. 张宜霞,译 . 大连：东北财经大学出版社,2006.

[107]杨乃定 . 企业风险管理发展的新趋势[J]. 中国软科学,2002（6）：54-57.

[108]宋明哲 . 风险管理[M]. 台北：中华企业管理发展中心,1984.

[109]向德伟 . 论企业经营风险[J]. 内蒙古财经学院学报,1995(4)：37-39.

[110]阎华红 . 中国企业风险与防范[M]. 北京：工商出版社,1999.

[111]佘廉，胡华夏，王超 . 企业预警管理实务[M]. 石家庄：河北科学技术出版社,1999.

[112]郭晓梅，傅元略.ZPM——内部控制制度的综合评价模型[J].上海会计,2002（12）：6-9.

[113]罗冬梅.风险导向内部审计与企业风险管理[J].法制与社会,2006（8）：46-47.

[114]西蒙.管理行为[M].詹正茂,译.北京：机械工业出版社,2004.

[115]刘兵军，欧阳令南.行为经济学和现代经济学发展趋势研究[J].外国经济与管理,2003（3）：7-11.

[116]马歇尔.经济学原理[M].朱志泰，陈良璧,译.北京：商务印书馆,1964.

[117]诺斯.制度、制度变迁与经济绩效[M].刘守英,译.上海：上海三联书店,上海人民出版社,1994.

[118]米塞斯.人类行为的经济学分析[M].赵磊，李淑敏，黄丽丽,译.广州：广东经济出版社,2010.

[119]崔巍.行为金融学[M].北京：中国发展出版社,2008.

[120]斯密德.制度与行为经济学[M].刘璨，陈国昌，吴水荣,译.北京：中国人民大学出版社,2004.

[121]汪丁丁，叶航.理性的追问——关于经济学理性主义的对话[M].桂林：广西师范大学出版社,2003.

[122]何大安.理性选择向非理性选择转化的行为分析[J].经济研究,2005（8）：73-83.

[123]李智勇，何明升.理性与非理性的撞击——现代金融理论的拓展研究[J].哈尔滨工业大学学报：社会科学版,2010（2）：84-88.

[124]张雄.市场经济中的非理性世界[M].上海：立信会计出版社,1995.

[125]邵希娟，黎嘉平.决策中的非理性行为[J].企业管理,2005（12）：30-32.

[126]科斯.企业、市场与法律[M].陈昕，盛洪,译.上海：格致出版社,上海三联书店,上海人民出版社,1990.

[127]何大安.选择行为的理性与非理性融合[M].上海：上海人民出版社,2006.

[128]张雪峰.论管理中的理性与非理性[J].中国劳动关系学院学报,2005（10）：75-80.

[129]张峥，徐信忠.行为金融学研究综述[J].管理世界,2006（9）：155-167.

[130]姜付秀，张敏，陆正飞，等.管理者过度自信、企业扩张与财务困境[J].经济研究,2009（1）：131-143.

[131]伯恩斯坦.与天为敌：风险探索传奇[M].毛二万，张顺明,译.北京：清华大学出版社,1999：2-3.

[132]江晓东.非理性与有限理性——中国股市投资者行为实证研究[M].上海：上海财经大学出版社,2006：38-39.

[133]黄健柏，杨涛，朱学红.基于过度自信的相关研究及应用综述[J].预测,2007（3）：1-7.

[134]王健,庄新田.基金经理过度自信条件下基金收益与风险的动态变化关系[J].系统工程,2006（6）：64-67.

[135]郝颖,刘星,林朝南.我国上市公司高管人员过度自信与投资决策的实证研究[J].中国管理科学,2005（5）：142-148.

[136]郑安国.论风险投资的八大关系[J].金融研究,2000（4）：50-57.

[137]赵德武，马永强.决策能力、风险偏好与风险资本[J].会计研究,2004（4）：250-257.

[138]余明桂，夏新平，邹振松.管理者过度自信与企业激进负债行为[J].管理世界,2006（4）：104-113.

[139]夏新平，邹振松，余明桂.控制权、破产风险与我国民营公司负债行为[J].管理学报,2006（6）：683-691.

[140]魏星，夏恩君，李全兴.风险投资项目决策中的风险综合评价[J].中国软科学,2004（2）：153-157.

[141]党耀国，刘思峰，刘斌，等.风险投资项目评价指标体系与数学模型的研究[J].商业研究,2005（16）：84-86.

[142]郭鹏，安会刚，曹朝喜.固定资产投资项目风险评价指标体系及风险变化规律[J].统计与决策,2007（6）：57-59.

[143]陈学中，李文喜，李光红.投资项目选择的风险评价 AHP 模

型及其应用[J]. 数学的实践与认识, 2004（4）：23-29.

[144]崔卫芳，霍学喜，庄世宏，等．基于 BP 神经网络的农业高科技投资项目风险评价模型[J]. 西北农林科技大学学报：自然科学版,2006（7）：160-164.

[145]马力，陈学中，原雪梅．高技术产业投资风险的多因素层次模糊综合评判[J]. 数量经济技术经济研究,2001（7）：58-61.

[146]华小宁，梁文昭，陈昊．整合进行时——企业全面风险管理路线图[M]. 上海：复旦大学出版社, 2007.

[147]郭亚军．综合评价理论与方法[M]. 北京：科学出版社,2002.

[148]王文森．变异系数——一个衡量离散程度简单而有用的统计指标[J]. 中国统计, 2007（6）：41-42.

[149]王霞，张敏，于富生．管理者过度自信与企业投资行为异化——来自我国证券市场的经验证据[J]. 南开管理评论, 2008（2）：77-83.

[150]陈收，段媛，刘端．上市公司管理者非理性对投资决策的影响[J]. 统计与决策,2009（20）：116-118.

[151]周嘉南,黄登仕．过度自信对经理业绩分享系数与风险之间关系的影响[J]. 系统管理学报,2007（3）：269-274.

[152]格兰杰，等．格兰杰计量经济学文集[M]. 朱小斌,等，译．上海：上海财经大学出版社,2007.

[153]马剑虹，施建锋．风险偏爱特征的实验研究[J]. 应用心理学,2002,8（3）：28-34.

[154]何贵兵，梁社红，刘剑．风险偏好预测中的性别差异和框架效应[J]. 应用心理学, 2002（4）：19-23.

索引

后 记

一个阳光灿烂的下午，在美丽的海滨城市大连，我完成了自己博士学位论文初稿的撰写，瞬时心情难以平静，四年博士求学生活的点点滴滴都浮现在眼前，恍如昨日。有太多的人需要感谢，有太多的事还做得不完美，但天道酬勤，唯有一句话能代表我此刻的心情——感谢生活！

首先感谢我的导师大连理工大学李延喜教授和栾庆伟教授，是他们给了我机会，使我有幸潜心在大连理工大学这座知识的殿堂，在浓浓的学术氛围中，摄取智慧的精华，而不至于年华虚度。四年的求学生涯，在导师的悉心指导下，我顺利完成了论文的撰写，极大地提高了自己的学术水平，导师渊博的知识和坦荡的学者风范让我受益匪浅。生活中，导师亦师亦友的交流与沟通，对我无私的帮助，以及他对生活的卓识，无不让我印象深刻，既感且佩。在此感谢之余，祝愿导师身体健康、诸事遂心。

感谢我的父母与岳父母。你们几十年的养育之恩与关切爱护，我时刻铭记于心，片刻不敢忘怀。这份恩情激励着我在困难面前不惮于前行，拳拳之心，望报恩于万一。读书期间，我的岳父母作为大连理工大学的老师，不但在生活上给予我巨大的帮助，使我免除后顾之忧、一心向学，而且在学业上以渊博的知识尽心指导我，督促我不断前行、不能懈怠。如果我的努力能使各位晚年健康快乐，则心有安慰。

感谢我的爱人侯海燕博士和女儿庄筱雪，在人生旅途中，你们伴我一起读书、一路同行、执手相依、快乐与共，在无数个平凡的日子里给我莫大的支持、激励与真挚的爱，给我幸福，使我学业顺利、努力向前。

感谢姚宏、包世泽、董文辰、张波涛、王阳、郑春艳、高锐、杜瑞、刘伶、张敏、陈克兢等师弟师妹，以及于广涛、丰敏全、栾迪、王宏林、王四海、汶力军等真心朋友。四年求学，是你们的同窗之情与友情，让我受益良多，正是有了你们的陪伴，我的读书生活才更加丰富充实、充满阳光。

感谢大连理工大学管理学院的各位指导老师，感谢你们在百忙之中对我的论文提出宝贵意见和指导，祝各位老师健康快乐！

庄　平

2015 年 9 月